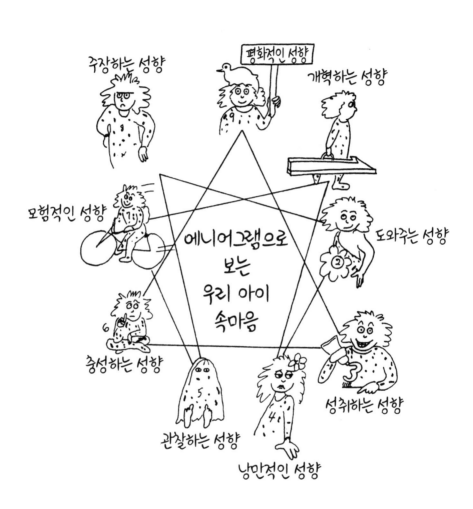

에니어그램으로 보는
우리 아이 속마음

성장기 아이들을 위한 올바른 양육 지침서

엘리자베스 와겔리 **지음**
김현정 · 한병복 · 이성애 · 엄진영 외 **옮김**

에니어그램으로 보는
우리 아이 속마음

성장기 아이들을 위한 올바른 양육 지침서

저자 서문

이 책이 처음 나온 이후, 성장기 아이를 둔 몇몇 부모들을 알게 되었습니다. 그들은 하나 같이 이 책으로 자녀들을 키웠다고 말하더군요. 많은 부모들이 아이를 키울 때 에니어그램의 도움을 받는다는 것은 참 기분 좋은 일입니다.

제가 에니어그램으로 자녀들의 마음 읽기를 처음 시도했던 당시에는, 많은 사람들이 에니어그램은 어른들에게만 적합하다고 생각했지요. 그러나 요즘은 꽤 많은 선생님과 부모님들이 아이를 이해하는 데 에니어그램의 도움을 받았다고 감사 인사를 전해 옵니다. 이보다 더 좋을 수 있을까요!

더욱이 한국에서 이 책의 개정 번역판을 출판하게 되어서 정말 기쁘게 생각합니다. 부디 한국에서도 많은 부모님과 선생님들이 이 책을 통해 아이를 양육하고 가르치는 데 도움을 받았다는 이야기가 들려오면 좋겠습니다. 아이를 키운다는 것은 축복입니다. 그 축복을 삶에서 충분히 누리시기를 바랍니다.

삽화가이자 저자인 엘리자베스 와겔리

이 책을
사랑하는 남편,
거스(5유형)와
우리 아이들
닉(9유형),
마사(1유형),
오기(7유형),
미란다(5유형)에게 바칩니다.

"이 책을 통해"

여러분은 아이의 마음을 읽는 열쇠를 손에 쥐게 될 것입니다.

강력한 명령은 아이에게 깊은 상처를 줄 수 있습니다.
안일한 평화는 아이를 답답하게 할 수 있습니다.
꼼꼼한 충고는 아이를 숨 막히게 할 수 있습니다.
넘치는 사랑은 아이에게 부담을 줄 수 있습니다.
과도한 성취 요구는 아이를 주눅 들게 할 수 있습니다.
극한 감정 표현은 아이를 힘들게 할 수 있습니다.
지나친 침묵은 아이에게 거리감을 느끼게 할 수 있습니다.
끊임없는 염려와 질문은 아이를 피곤하게 할 수 있습니다.
짓궂은 호기심이 아이를 귀찮게 할 수 있습니다.

아무리 좋은 생각과 표현도 아이에게는 짐이 될 수 있습니다.
그래서 이제 우리 아이의 마음을 읽어보려고 합니다.
그 전에 먼저 여러분 자신을 이해하십시오.
이 책이 그 길에 함께 할 것입니다.

영향력 있는 부모가 되고 싶으시다면
아이와 평화로운 공존을 원하신다면
이상적인 부모가 되고 싶으시다면
아이와 친밀한 관계를 유지하고 싶으시다면
존경받는 부모가 되고 싶으시다면
아이와 깊은 감정을 나누고 싶으시다면
아이의 마음을 알고 싶으시다면
신뢰 받는 부모가 되고 싶으시다면
아이와 즐겁게 지내고 싶으시다면
지금 이 책을 읽으십시오.

김 재 원 (KBS 아나운서)

목차
Contents

저마다 다른 기질과 욕구를 가진 사람들을 돕기 위해서는
다양한 방법을 적절히 활용할 수 있어야 한다.
– 달라이 라마 Dalai Lama

에니어그램을 통해 본 우리 아이 성향

당신은 어떤 부모입니까? 자녀를 엄격하게 키우십니까? 아니면 자유롭게 키우십니까? 혹시 어찌할 바를 몰라 갈팡질팡하고 있지는 않습니까? 아무것도 모르는 초보 부모들이나 더 나은 양육 방법을 찾아 고민하고 있는 부모에게 에니어그램은 좋은 대안이 될 것입니다. 부모는 자녀가 자신의 방식을 따라 주지 않을까봐 걱정을 하고 심지어 아이에게 자기 방식을 강요하기도 합니다. 하지만 부모는 절대로 자녀의 성격을 바꿀 수 없습니다. 다만 자녀의 성향대로 성장하도록 도와줄 수 있을 뿐입니다.

저는 아이가 생기기 전에 어떻게 하면 좋은 엄마가 될 수 있을까 생각했습니다. 그때는 사랑과 헌신으로 키운다면 좋은 부모가 될 수 있을 것이라고 믿었습니다. 그 때만 해도 아이의 성격은 부모에 의해서 결정된다고 생각했기 때문입니다. 물론 문화와 가정환경이 아이의 의식수준을 형성하는 데 중요한 역할을 하는 것은 사실입니다. 그러나 외향적이거나 내향적인 성격, 예민하거나 둔감한 성격, 모험을 좋아하거나 겁이 많은 성격, 공격적이거나 수동적인 성격 등은 타고나는 경향이 강합니다. 심지어 정리 정돈하는 능력도 부모의 훈련에 의한 것이라기보다는 어느 정도 타고 난다고 알려져 있습니다.

에니어그램은 오랫동안 많은 사람들이 자신을 성장시키고 다른 사람을 이해하기 위해 사용해 온 지혜의 도구입니다. 주로 어른을 대상으로 한 것이지만, 조심스럽게 접근한다면 아이에게도 좋은 도구가 될 수 있습니다. 에니어그램은 우리에게 거칠고 강한 아이와 섬세하고 감수성 있는 아이를 어떻게 다르게 양육해야 하는지 친절하게 가르쳐 줍니다. 실제로 많은 부모들이 자녀 양육에 왕도가 있다는 잘못된 상식에 젖어 있습니다. 그러나 자녀를 양육할 때는 그 아이의 성향에 따라 저마다 다르게 접근해야 합니다.

에니어그램은 특정한 행동 양식을 보이는 개인의 독특한 성향을 인정합니다. 우리는 에니어그램이라는 흥미롭고 복잡한 성격체계를 통해 사람들의 소통방식이 어떻게 비슷하고, 어떻게 다른지 발견할 수 있습니다. 개인의 특성을 보다 세심하게 이해하면 연민과 긍휼의 마음으로 상대를 받아들일 수 있습니다.

특히 부모와 교사는 에니어그램을 통해 많은 것을 얻을 수 있습니다.

- 자신과 다른 성향의 아이들을 이해할 수 있습니다.
- 성향은 누구의 것이 더 좋거나 더 나쁜 것이 아니라는 사실에 감사하게 됩니다.
- 아이들 각각의 강점을 이끌어내어 자신있고 행복하게 삶을 살아갈 수 있도록 도와줍니다.
- 아이들이 다른 사람의 재능을 인정하고, 자신의 재능에 감사하는 법을 알려줍니다. ("세진이는 수학을 잘 할지 모르지만 너는 창의력이 뛰어나잖니? 너에게는 세진이와는 다른 장점이 있단다.")
- 아이들의 행동이 기대에 못 미칠 때 느끼는 좌절감에서 어느 정도 벗어날 수 있습니다.

에니어그램을 통해 본 아홉 가지 성향

나는 관찰하기 좋아하는 5유형입니다. 어려서부터 무엇이든 알고 싶어 했고 그래서 호기심이 많았습니다. 물론 가족이나 친구와 함께 하는 것도 좋아했지만 그보다 더 좋았던 것은 혼자 있을 때입니다. 하지만 내 친구들은 나와 성격도, 하고 싶은 것도 많이 달랐습니다.

개혁하는 성향 (1유형) – 모든 일이 올바르게 되기를 원합니다.
도와주는 성향 (2유형) – 사람들에게 환영받기를 원합니다.
성취하는 성향 (3유형) – 목표를 제대로 이루기를 원합니다.
낭만적인 성향 (4유형) – 고통이나 아름다움과 관련된 감정을 중요하게 느낍니다.
관찰하는 성향 (5유형) – 호기심이 많고 모든 것을 이해하고 싶어 합니다.

충성하는 성향 (6유형) – 모든 일에 안전하기 원합니다.

모험적인 성향 (7유형) – 새롭고 재미있는 것을 추구합니다.

주장하는 성향 (8유형) – 강하고 힘이 넘쳐납니다.

평화적인 성향 (9유형) – 현재 상황에 만족하며 갈등을 회피합니다.

일반적으로 성인은 아홉 가지 유형 가운데 하나에 속해 있습니다. 그 유형의 안경을 쓰고 살아가기에 다른 유형의 사람들을 이해하는 데 어려움을 겪습니다. 그러나 아이는 그렇지 않습니다. 물론 아이도 타고난 성향이 있지만, 아이는 늘 새로운 방식으로 행동하려 하고 끊임없이 변화합니다. 어떤 사람들은 어느 정도 성격이 완성되는 20대 초반까지 다양한 성향을 보이기도 합니다. 부모는 자녀의 성향 가운데 당신이 가치 있게 여기는 것은 주목하고, 그렇지 않은 것은 간과하면서 지배력을 행사하곤 합니다. 개혁하는 성향의 부모는 정리 정돈과 착한 행동을 중요하게 여기고, 도와주는 성향의 부모는 친절함을 가치 있게 생각합니다. 성취하는 성향의 부모는 과제 수행 능력과 경쟁력에 가치를 둡니다. 이 책을 통해 부모가 자녀의 특별한 재능을 이해하고 존중하며, 부모와 다르다 할지라도 자녀의 관심사를 지지해 주는 법을 배우면 좋을 것입니다.

에니어그램이란

에니어그램은 '아홉 개의 점이 있는 그림'이라는 뜻입니다. 에니어그램은 고대 중동 지역에서 시작되어 입에서 입으로 전해지다가, 1970년대에 오스카 이카조와 클라우디오 나란조에 의해 성격 분류 체계로 정리되었습니다. 각 유형에 대한 설명은 사람들이 나눈 경험담에 기초한 것입니다.

최근에는 에니어그램에 대한 관심이 높아져 심리 치료, 가족 코칭, 비즈니스 코칭, 그리고 영적 성장을 위한 도구로 널리 사용되고 있습니다.

사람들의 다양한 성격을 이해하고 각자 행동의 동기가 다르다는 것을 깨닫는 것은 개인 뿐 아니라 공동체에도 유익하며 특히 학교에서 유용합니다.

에니어그램 이론

에니어그램에 따르면 사람들은 정도의 차이는 있지만 아홉 가지 유형의 특성을 모두 갖고 태어납니다. 어른이 되어도 한 가지 유형으로 굳어지지 않을 수도 있습니다. 하지만 대체로 사람들은 한 유형을 핵심 유형으로 갖게 되고, 점점 그 유형의 관점으로 세상을 보는 것에 익숙해집니다. 그러나 나머지 여덟 유형의 긍정적인 면을 발전시킨다면 더욱 유연하고 균형 잡힌 삶을 살 수 있습니다. 이제부터 아홉 가지 유형, 그리고 자신의 유형과 연결돼 있는 '날개 유형'과 '화살 유형'을 중심으로 에니어그램에 대해 살펴보겠습니다.

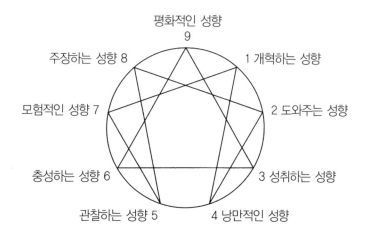

'날개'는 자신의 유형의 양 옆에 있는 두 가지 유형을 말합니다. '화살'은 자신의 유형에서 뻗어나간 두 개의 선이 가리키는 유형을 말합니다. 같은 유형이라도 어느 날개를 더 많이 사용하고, 어느 화살 유형의 영향을 많이 받느냐에 따라 다른 성격을 보이게

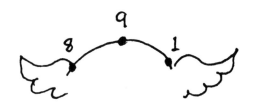

합니다. 낭만적인 4유형이 관찰을 좋아하는 5유형 날개를 더 많이 사용하면 내성적이 되지만, 성취를 원하는 3유형 날개를 더 많이 사용하면 외향적이 됩니다. 날개와 화살을 이용하여 의도적으로 특정한 성향이나 능력을 강화할 수도 있습니다. 이를 통해 우리는 경험의 폭을 넓히고, 처한 상황에 보다 적절하게 대처할 수 있습니다.

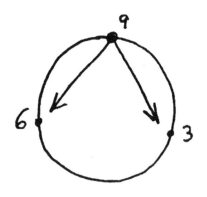

에니어그램을 통해 아이의 성향을 관찰하다 보면 아이의 유형을 발견하게 될 수 있습니다. 하지만 아이의 유형을 찾는 데에 집중하다 보면 그 유형의 틀에 얽매여 아이를 인격체로 대하지 못할 위험이 있습니다. 에니어그램으로 아이의 마음을 읽는 작업은 아이를 어느 하나의 유형으로 규정하려는 시도가 아닌 아이가 지닌 성격 특성을 살피는 과정에서 아이의 내면을 이해하기 위한 것입니다. 우리는 이 작업을 통해 나와 다른 사람들을 이해하는 방법을 배우게 될 것입니다. 그리고 이 과정에서 우리는 아이들이 에니어그램을 비롯한 어떠한 도구로도 규명할 수 없는 신비한 존재라는 것을 날마다 깨닫게 될 것입니다.

우리는 아이들의 자연스러운 성장 과정과 변화의 욕구를 존중해 주어야 합니다. 지금부터는 아이들에게 에니어그램을 적용하는 경우 '유형'이 아닌 '성향'이라는 단어를 사용할 것입니다. 하지만 아이 스스로 자신의 유형을 분별할 수 있는 나이가 되기까지는 특정 성향을 아이의 진짜 유형으로 규정하지 않는 것이 좋습니다.

어른의 경우는 자신의 내적인 태도, 감정, 생각, 가치관, 행동의 동기 등을 고려하여 스스로 자기 유형을 발견하게 됩니다. 당신이 먼저 에니어그램을 통해 당신의 유형을 찾아낸다면 이 책이 더욱 생생하게 받아들여질 것입니다. 그러나 다른 사람의 유형을 섣불리 짐작하려 들지는 마십시오. 두려움이 많은 6유형은 모험적인 7유형 날개를 사용하여 자신의 두려움을 낙천적인 모습으로 위장할 수 있습니다. 그들은 평화적인 9유형의 화살을 따라 평정심을 유지하는 것처럼 보일 수도 있습니다. 에니어그램은 다른 사람을 유형화하는 도구가 아니라 나 자신을 돌아보는 도구입니다.

이 책에 대하여

좋은 부모가 되기 위해서는 아이의 생활을 정확히 관찰해야 합니다. 부모는 에니어그램을 통해 자녀가 스스로 자신의 삶을 어떻게 경험하는지 바라볼 수 있습니다. 이 책은 먼저 아홉 가지 성향의 기본 특성을 다룬 후 각 성향의 아이들이 삶의 열 가지 상황에서 어떻게 반응하는지 살펴봅니다. 공부 습관 같은 특정한 상황에 관심이 있다면 각 성향의 해당 부분을 읽으십시오. 부록에서는 앞에서 다루지 않은 스무 가지 상황을 주제로 각 유형별 아이들의 행동 특성을 살펴봅니다.

에니어그램을 통해 마음을 읽는다는 것은 부모로 하여금 마음을 열어 자신과 자녀에게 궁금했던 모든 문제를 스스로에게 질문하는 것을 말합니다. 이러한 과정을 통해 부모는 자녀에게 가장 적절한 양육 방법을 찾을 수 있습니다. 자녀의 성향을 탐색하는 과정에서 자녀나 가족 안에 있는 심각한 문제를 발견하게 된다면 전문가의 도움을 받기 바랍니다.

어른은 물론이거니와 아이들은 더욱 한 가지 성향으로 규정할 수 없습니다. 각 장에서 다룬 일부 내용은 특정 성향이 아닌 모든 아이에게 해당하는 내용입니다. 따라서 특정 성향의 부분만 읽기보다는 책 전체를 읽어보기를 권합니다. 이 책을 통해 당신도 자신의 어린 시절 모습을 발견할 수 있을 것입니다. 부모로서 자신의 성향이 궁금하다면 부록 〈에니어그램을 통해 본 부모 유형〉을 참고하십시오.

엄마 뱃속에서 (나오는 순간)

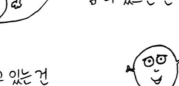

9 : 여기가 따뜻하고 좋은데 좀 더 있으면 안 될까요?

8 : 이렇게 웅크리고 있는 건 딱 질색이야!

1 : 밤잠을 잘 자서 엄마 아빠를 기쁘게 해 드려야지.

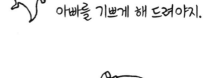

7 : 어서 여길 빠져나가게 해 줘요! 갈 데도 많고 만날 사람도 수두룩하단 말이에요!

2 : 저는 엄마 아빠를 무지무지 사랑해요. 빨리 나가서 만나고 싶어요.

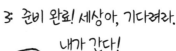

3 : 준비 완료! 세상아, 기다려라. 내가 간다!

6 : 엄마 아빠가 날 안 좋아하면 어쩌지? 엄마 젖이 맛이 없으면? 내 침대가 너무 딱딱하면?

5 : 내가 지금 여기서 뭘 하고 있는 거지? 어떻게 하면 여기서 빠져나갈 수 있을까?

4 : 벌써부터 여기가 그리워져.

저자의 한 마디

에니어그램의 아홉 가지 유형에 대해 간단히 소개할게요.

저는 여러분이 어떻게 하면 자녀를 이해하고 도울 수 있는지 알려드리고 싶어요.

에니어그램은 장, 가슴, 머리라는 세 가지 중심축으로 이루어져 있습니다.

5, 6, 7유형은 '머리 중심' 유형으로, 그들의 화두는 '두려움' 입니다.

2, 3, 4유형은 '가슴 중심' 유형으로, 그들의 화두는 '이미지'와 '관계' 입니다.

8, 9, 1유형은 '장 중심' 유형으로, 그들의 화두는 '분노' 입니다.

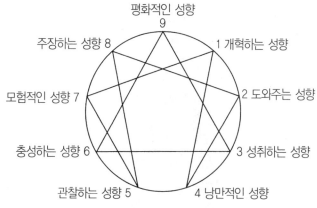

평화적인 성향
9

주장하는 성향 8   1 개혁하는 성향

모험적인 성향 7   2 도와주는 성향

충성하는 성향 6   3 성취하는 성향

관찰하는 성향 5   4 낭만적인 성향

이 책은
장형인 8, 9, 1 성향부터
가슴형 2, 3, 4 성향,
머리형 5, 6, 7 성향 순으로 구성했습니다.

8
주장하는 성향

자녀에 대한 질문

당신의 자녀는

☐ 1. 친구들에게 명령하는 편입니까?

☐ 2. 힘이 넘치고 강한 면을 보입니까?

☐ 3. 어디서나 자신을 당당히 내세우는 편입니 까?

☐ 4. 불평이나 분노를 거리낌 없이 표현합니까?

☐ 5. 말을 잘 안 듣고 고집불통이어서 부모나
　　교사를 힘들게 합니까?

☐ 6. 늘 고삐 풀린 망아지 같아서 진정할 시간이
　　필요한가요?

☐ 7. 권위적으로 말 하거나 행동하는 편입니까?

☐ 8. 활기차고 열정적으로 생활하는 편입니까?

주장하는 성향의 아이는
분노를 화두로 삼는
8, 9, 1유형 중에서도
자신의 분노를 가장
분명히 표현합니다.

날개와 화살

위의 문항에 대부분 '예'라고 답했다면, 당신의 자녀는 주장하는 성향으로 행동하고 있는 것입니다. 그러나 어른이 되었을 때는 다른 유형이 될 수도 있습니다.

내 안에 있는
주장하는 성향으로 인해
도움을 받기도 하지만,
통제 불능의
상태가 되기도 합니다.

주장하는 성향의 아이는
지나칠 정도로
자기 주변에 있는 것들을 '보호'하려고 하며,

친구들을 지켜주고

약한 사람들을 방어해 줍니다.

저리 가지 못 해!

주장하는 성향의 아이는
대장이 되는 것을
좋아하며,

자신의 삶이
어떤 강렬한 힘과 연결되어 있다고
느끼고 싶어 합니다.

아이는 힘이 넘치는데도
밖에서 신나게 뛰어놀지 못하거나
자신의 에너지를 마음껏 발산할 수 없을 때
속상해하고 힘들어합니다.

주장하는 성향의 아이는
자신의 생각을 말하는 데 거침이 없습니다.

때로는 부모까지도 자기 뜻대로 쥐락펴락 할 수 있습니다.

주장하는 성향의 아이는
열심히 공부하고
열심히 놉니다.

마음에
없는 말을
하는 것을
아주 싫어합니다.

주장하는 성향의 아이는 상대에게 겁을 주거나 상대의 잘못에
벌을 주려는 경향이 강하기 때문에 사람들이 무서워합니다.
자신의 행동에 책임지기보다는
오히려 다른 사람에게 자신의 잘못을
덮어 씌우려하기 때문에
양육하는 데 어려움이 있습니다.

미안해. 하지만
이렇게 생겨먹은 걸
어쩌라고?

⑧

사람들은 종종 아이의
타고난 성품을
이해하지 못하고
오히려 비난하곤 합니다.

주장하는 성향의 아이에게는
따뜻하고 부드러우며 상처받기 쉬운 내면이 있습니다.
아이가 당신을 신뢰하고 존경하게 되면,
이러한 내면을 당신에게 보여줄 것입니다.
아이에게 솔직하고 진솔하게 다가가
아이가 신뢰하는 사람이 되려고 노력하십시오.

주장하는 성향의 아이가 열 가지 상황에 대처하는 방식

등교 시간 지키기

어떤 사람들은 일찍 일어나서 해 뜨는 광경을 감상하며 새 아침을 맞는다고 호들갑입니다.
나는 일출을 한 번도 보지 못했습니다. 일몰과는 어떻게 다르죠? 방향만 바뀐 거 아닌가요?
— D.L. 스튜어트

다른 성향의 아이들은 아침에 일찍 일어나는 것을 당연하게 생각하는 반면 주장하는 성향의 아이는 일찍 일어나는 것을 짜증스럽게 여깁니다. 아이를 깨울 때 투정 부리고 화를 내더라도 부모는 평정심을 유지하며 해야 할 일을 분명히 말해 주는 것이 좋습니다. 자녀가 아침을 여유 있게 맞이하려면 전날 밤에 할 일을 미리 해 놓거나 좋아하는 음악을 틀어놓는 것이 좋습니다.

주장하는 성향의 아이는 사소한 규칙을 어기는 것쯤은 대수롭지 않게 여기기 때문에 등교 시간을 정확히 지키는 것도 무척 힘들 수 있습니다. '방과 후 학교'나 축구 클럽에 참여하도록 하는 등 아이가 학교생활에 재미를 느낄 수 있도록 도와주십시오. 아이가 학교에서 어떻게 지내는지 알아보기 위해 부모가 직접 학교 활동에 참여하는 것도 좋습니다.

공부 습관

주장하는 성향의 아이에게 바람직한 공부 습관을 익히는 것은 어려운 일입니다. 아이가 큰 소리로 반항해도 해야 할 숙제는 반드시 하는 습관을 만들어 주십시오. 숙제하기 가장 좋은 시간은 학교에서 돌아온 직후입니다. 부모는 지속적으로 아이에게 부모와 교사가 무엇을 기대하는지 분명히 알려줘야 합니다. 다른 사람을 통해서라도 밖에 나가서 놀기 전에 숙제를 다 했는지 확인하십시오.

예의범절

주장하는 성향의 아이는 천성적으로 예의범절에 그다지 신경 쓰지 않습니다. 남자 아이라면 환하게 웃으며 인사할 때보다는, 얼굴을 찌푸리거나 괜한 신경전을 벌이는 경우가 더 많습니다. 못된 행동으로 사람들을 놀라게 하거나 골려주기도 합니다. 이 아이의 부모는 주어진 현실을 그대로 받아들여야 합니다. 아이에게 세련된 매너를 기대하는 것은 비현실적이기에 반드시 지켜야 하는 중요한 예절을 몇 가지 정하고 이것만큼은 꼭 지킬 수 있도록 엄격하게 가르치는 것이 좋습니다.

친구 사귀기

주장하는 성향의 아이는 대체로 따뜻한 마음을 가지고 있으며, 친구들에게 너그럽고 사려 깊고 의리 있는 편입니다. 주장하는 성향의 아이에게는 모든 사람들과 원만하게 지낼 수 있는 융통성은 없습니다. 오히려 자기 관점에 대한 확신이 지나쳐서 사람들을 엄격한 기준으로 판단할 수 있습니다.

주장하는 성향의 아이는 자신을 비웃거나 자기에게 속한 것들을 건드리면 분노합니다. 아이는 세상을 '아군 없는 전쟁터'라고 생각하기 때문입니다. 아이에게 타협하는 법과 친구의 마음을 헤아리는 법을 가르쳐 주십시오. 화가 날 때는 하나에서 열까지 세면서 마음을 가라앉히라고 말해 주십시오.

잠버릇과 식습관

주장하는 성향의 아이는 하루를 마무리할 때 책을 읽어주는 등 잠자리에 들기 전에 편하게 느낄 수 있도록 해 주면 좋습니다. 그래도 힘이 남아서 잠들지 않는다면 조용히 놀거나 책을 읽게 하여 흥분을 가라앉혀 주십시오.

주장하는 성향의 아이들 가운데 어떤 아이는 음식 먹는 것을 무척 좋아합니다. 늘 무엇을 먹을까 생각하며, 음식을 만들어 먹는 것도 좋아하기 때문에 부모와 함께 요리하는 시간을 갖는 것도 좋습니다. 심심할 때 먹는 것을 찾는 습관이 있는 아이라면, 시간을 효율적으로 사용할 수 있도록 도와주어야 합니다. 식사 시간에 버릇없이 행동하면 어른 옆에 앉히거나 따로 식사하도록 하십시오. 그러나 절대로 밥을 굶겨서 잠자리에 들게 해서는 안 됩니다.

활동

주장하는 성향의 아이는 화끈하게 행동하기로 유명하며, 자신 만큼의 에너지와 활력을 가진 사람을 만나지 못하면 무척 실망합니다. (나는 힘이 남아도는데 친구들은 모두 지쳐서 집으로 돌아간다면 얼마나 실망스럽겠습니까?) 내가 알고 있는 8유형은 자신의 힘을 과신한 나머지 일곱 살 때 비탈길

에서 미끄러지는 자동차를 밀어 올리려고 했답니다. 일곱 살 때 말입니다.

자기주장

주장하는 성향의 아이는 자아가 강해서 자신의 생각을 당당하게 드러냅니다. 때로는 그 정도가 심해서 어떤 엄마는 이렇게까지 이야기합니다. "우리 아들은 굳이 그러지 않아도 되는데 자기가 옳다고 주장하며 이를 박박 갈아요."

고양이의 분위기 있는 압박

싸우고 싶다는 생각을 할 때에는 먼저 지금 상황을 파악해야 한다는 것을 알려 주십시오. 싸우는 것보다는 타협하거나 자리를 피하거나 대화로 해결하는 것이 바람직하다고 알려 주십시오.

주장하는 성향의 아이는 불공평한 대우에 민감하며, 사람들이 자신의 말을 경청하지 않는다고 느낄 때 매우 공격적이 됩니다. 아이는 당신이 자기 의견에 동의하지는 않더라도 자신의 이야기에 귀를 기울이고 관심을 보이는지를 확인하고 싶어 합니다.

의사결정

주장 하는 성향의 아이는 대체로 주장이 뚜렷하고 분명합니다. "상관없어." 라든지 "잘 모르겠어." 라는 말은 거의 하지 않습니다. 부모는 아이와 힘 겨루기를 하지 말고 단호한 자세를 보여야 합니다. 이 성향의 아이는 다른 사람들과 함께 의사결정을 할 때도 자기 마음대로 하려는 경향이 있어 사람들을 곤란하게 하곤 합니다. 가족회의에서 의견 차이로 격렬한 논쟁이 벌어진다면, 그 문제를 다음 번에 다루기로 하고 아이의 흥분을 가라앉히는 것이 필요합니다.

정서적 성숙

주장 하는 성향의 아이는 분노를 조절하는 일에 서툽니다. 누군가와 우연히 부딪치거나 일이 잘 돌아가지 않을 때에도 화를 낼 수 있습니다. 부모는 인내심을 갖고 단호하면서도 체계적으로 분노의 감정을 어떻게 다스려야 하는지 알려

주어야 합니다. '생각 의자'에 앉히거나 복도에 서서 반성하라고 한들 자신의 화난 감정만 곱씹으며 시간을 보낸다면 아무 소용이 없습니다. 냉정하게 대처하십시오. 아이의 분노에 민감하게 반응할수록 화를 내는 시간만 더 길어질 뿐입니다. 아이가 당신과 어떤 점이 다른지 잘 살펴보십시오. 아이를 과소평가하지 말고 아이의 미덕과 강점을 살려주십시오.

책임감

<big>주장</big>하는 성향의 아이는 대체로 거침없고 솔직하면서도 교활하지는 않습니다. 지켜보는 사람이 없어도 어린 아이나 애완동물, 사랑하는 사람들을 잘 돌보고 보호해 줍니다.

주장하는 성향의 아이 가운데 어떤 아이는 설거지를 하거나 무거운 장바구니를 들어 주는 등의 일상적인 집안일을 아주 잘 합니다. 어려서부터 아이가 잘 하는 일로 부모를 돕도록 격려하면, 어떻게 다른 사람을 도울 수 있는지 배우게 될 것입니다.

저기요. 다시 맞장 뜨러 왔어요.

38

9유형인 우리 첫째 아이는 어려서는 주장하는 성향처럼 행동할 때가 많았습니다. 아주 어렸을 때는 갖고 논 장난감을 정리하라고 할 때마다 고집을 부렸습니다. 나도 화살 유형인 8유형의 모습으로 한 치도 물러서지 않고 아이와 맞섰습니다. "장난감 치워!" "싫어요." "장난감 좀 치우라니까!" "싫다니까요!" 결국 내가 얼마나 부질없는 짓을 하고 있는지 깨달았습니다. 아이는 싸울수록 더 막무가내로 고집을 부렸기 때문입니다.

9
평화적인 성향

자녀에 대한 질문

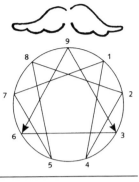

날개와 화살

당신의 자녀는

☐ 1. 집에서 텔레비전을 보거나 컴퓨터를 하면서 빈둥거리기를 좋아합니까?

☐ 2. 엄마 무릎에 앉아 있는 것을 좋아합니까?

☐ 3. 사람들이 따뜻하고 편한 아이라고 느끼는 편입니까?

☐ 4. 의사 결정이 어려워서 대체로 다른 사람의 결정에 따르는 편인가요?

☐ 5. 가정에 어려운 문제가 있어도 괜찮다고 말합니까?

☐ 6. 다른 아이들보다 좀 느리게 말하거나 천천히 행동하는 편입니까?

☐ 7. 상처를 쉽게 받습니까?

☐ 8. 고집스러운 면이 있습니까?

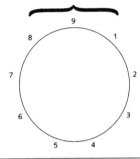

장형의 화두는 '분노'입니다. 장형의 중앙에 위치한 9유형은 자신이 물질세계와 연결되어 있다고 느끼며, 몸이 느끼는 대로 결정할 때가 많습니다.

위의 문항에 대부분 '예'라고 답했다면, 당신의 자녀는 평화적인 성향으로 행동하고 있는 것입니다. 그러나 어른이 되었을 때는 다른 유형이 될 수도 있습니다.

평화적인 성향의 아이는
주위의 모든 것이
'편안한 상태로 유지' 되기를 원합니다.

아이는
충돌과 갈등을
무척 불편해하기 때문에

주위 사람들과
원만하게 지내려고
애씁니다.

평화적인 성향의 아이는
다른 성향에
쉽게 동화될 수도 있고,
여덟 가지 성향의
특징을 다
가질 수도
있습니다.

평화적인 성향
개혁하는 성향
주장하는 성향
도와주는 성향
모험적인 성향
충성하는 성향
성취하는 성향
관찰하는 성향
낭만적인 성향

아이는
대체로
마음이 넓고
이해심이
많으며,

맞아요! 바로 그거예요!

느긋하고 온화한 편이지만
화가 나면 목소리나 표정에
그대로 드러납니다.

44

아이는
가끔
화산처럼
폭발합니다.

사물을 다양한 관점으로 바라보기 때문에
무언가를 결정해야 할 때
시간이 많이 필요합니다.

자연 속에 있을 때 아이는 자신이 자연의 일부라는 느낌을 받곤 합니다.
사람들은 아이가 스스로 느끼는 것 이상으로
더 태평한 아이라고 생각합니다.
모든 아이들이 마찬가지지만,
평화적인 성향의 아이에게는 더 친절히 대해야 합니다.

아이로 하여금 당신이 진심으로 지켜보고 귀 기울이고 있으며,
아이의 존재를 가치 있게 여기고 있다는 것을 보여주십시오.

평화적인 성향의 아이가 열 가지 상황에 대처하는 방식

등교 시간 지키기

평화적인 성향의 아이는 문제가 있어도 부모에게 솔직하게 털어놓지 못합니다. 아이가 지각을 했다면, 잠은 충분히 잤는지, 부모나 교사에 대한 말 못할 분노가 있는 것은 아닌지 살펴보십시오. 타성에 젖어 움직이고 있든지, 쉬고 있는 중이든지, 그냥 하던 대로 놔두길 원할 수 있습니다. 아침에 학교 갈 준비를 하는 동안 아이가 좋아하는 음악을 들려주거나, 맛있는 아침 식사가 준비되어 있다고 알려주는 것도 좋은 방법입니다. 평화적인 성향의 아이는 잔소리를 하면 고집을 더 부린다는 점을 반드시 기억하십시오.

공부 습관

평화적인 성향의 아이들 가운데 일부는 공부할 때 곧바로 집중하여 무척 열심히 합니다. 아이는 습관이 되면 훨씬 더 잘 하기 때문에, 매일 같은 시간에 규칙적으로 숙제를 할 수 있도록 돕는 것이 좋습니다.

예의범절

평화적인 성향의 아이는 사람들과 잘 지내기 위해 예의 바르게 행동합니다. 그러나 원하는 것이 무엇인지 모르거나 이를 표현하지 못하면 고집을 부리거나 공격적으로 행동할 수 있습니다. 가정에서 편안한 분위기를 만들어주고 아이가 소중한 존재라는 것을 부모가 알려주면 다른 사람들과의 관계에서도 자신감을 얻게 됩니다.

친구 사귀기

평화적인 성향의 아이는 갈등 중재 능력이 뛰어나지만 리더가 되는 것은 부담스러워하며, 주로 뒤에서 일하기 좋아합니다. 모든 일을 긍정적으로 바라보는 경향이 있습니다.

평화로운 성향의 아이는 너그럽고 지지를 잘 해주는 친구들을 만들 수 있습니다. 그들과 게임이나 운동을 즐기며 사이좋고 재미있게 놀 수 있고 야구 카드 모으기, 인형 놀이 같은 다양한 취미생활을 하는 것을 좋아합니다. 함께 산책을 하거나 오래 달리기를 할 때 아주 적합한 친구이며 어울리기에 제일 좋은 성향으로 알려져 있습니다. 그러나 아이가 친구와 어울리는 것을 힘들어 한다면 공격성 때문이 아니라 상대에게 지나칠 정도로 맞춰주려는 성향 때문입니다.

아이는 자신이 원하는 조화로운 상태에 놓이기를 원하며, 이러한 바람이 쉽게 이루어지지 않으면 실망하고 좌절하며 우울해하지만 회복하는 속도도 비교적 빨라 곧 기운을 차립니다. 아이는 부모나 교사와 오랫동안 잘 지내다가도 갑자기 반항하거나 고집을 부릴 수 있습니다.

활동

평화적인 성향의 아이는 선택할 수 있는 대안이 지나치게 많으면 생각이 거의 마비됩니다. 적절한 시기에 아이가 원하는 것이 무엇인지 분명히 표현하도록 도와주어야 합니다. 아이는 목표가 뚜렷해지면 엄청난 추진력으로 목표를 향해 나아갑니다.

자기주장

평화적인 성향의 아이는 상대에게 양보하는 경향이 있습니다. 주장하는 성향이나 개혁하는 성향의 날개를 강하게 사용하는 경우에는 그렇지 않을 수도 있습니다. 평화적인 성향의 아이는 자기주장을 앞세우면 사람들이 자신을 싫어할 것이라고 생각합니다. 그러나 부모는 그렇지 않다는 것을 알려주고 아이가 자신 있게 사람들 앞에서 자기 생각을 말하도록 격려해야 합니다. 부모가 먼저 자신의 생각을 솔직하면서도 무례하지 않게 표현하는 것을 자주 보여주고, 아이로 하여금 자신의 생각을 말할 수 있는 기회를 많이 만들어 주는 것이 좋습니다. 아이가 자신감을 가질 수 있도록 더 많이 지지해 주고 격려해 주십시오.

의사결정

평화적인 성향의 아이는 자신이 원하는 대로 하면 사람들과 관계가 불편해 질까봐 두려워합니다. 그래서 결정을 최대한 미루고 상황을 지켜보곤 합니다. 결정을 내리기로 마음을 정한 후에는 여러 가지 가능성에 대해 진지하고 깊이 있게 생각합니다. 한번 결정한 후에는 자신의 선택을 쉽게 바꾸지 않습니다. 아이가 자신감을 갖도록 어려서부터 아이의 의견을 잘 들어 주십시오.

잠버릇과 식습관

평화적인 성향의 아이는 일광욕을 즐기거나 먹고 자는 것과 같은 오감으로 만족하는 활동을 좋아합니다. 기분이 안 좋거나 스트레스를 받은 것처럼 보인다면, 잠자리에 들 때가 기분을 풀 수 있는 최적의 시간이므로 아이가 그 날 있었던 일을 마음껏 얘기하도록 하고 잘 들어 주십시오.

평화로운 성향의 아이는 매사에 서두르는 법이 없기 때문에 밥을 천천히 먹어도 놀리거나 야단을 쳐서는 안 됩니다. 아이는 최대한 문제 상황을 만들지 않으려고 노력하다가 다른 긴장 상태를 만들 수 있습니다. 엄마가 정성껏 만들어 주신 음식을 남겼다고 실망할까봐 과식을 할 수도 있는 아이입니다.

정서적 성숙

평화적인 성향의 아이는 조금만 이야기해 봐도 상냥한 아이라는 것을 알 수 있습니다. 함께 있으면 재미있고 편안하며 마음도 따뜻해집니다. 모든 부모가 마찬가지지만, 특히 평화적인 성향의 아이를 둔 부모는 자녀의 평온해 보이는 얼굴 뒤에 어떤 갈등이 숨어 있는지, 속상하거나 불안한 것은 없는지 잘 살펴보아야 합니다. 아이가 울고 있으면 최대한 부드럽게 다가가 이유를 물어 보십시오. 그러나 무언가에 집중하고 있다면 간섭하지 않는 것이 좋습니다.

평화적인 성향의 아이가 기분이 좋지 않아 보이면 실제로 그런 것입니다. 어리면 어릴수록 더욱 그렇기 때문에 그 때는 아이를 꼭 안아 주십시오. 아이로 하여금 당신이 아이를 지켜보고 있으며 아이의 마음과 생각을 알기 원한다는 사실을 알려 주십시오. 부모는 항상 행동으로 보여주어야 합니다.

아이는 사람들이 자신이 한 일을 인정해주고 칭찬해 주는 것을 무척 좋아합니다. 막상 칭찬을 받으면 쑥스러워 하지만 그래도 계속 아이의 가치를 인정해 주십시오.

책임감

평화적인 성향의 아이는 대부분 책임감이 강하며 올바른 일을 하기 원합니다. 개혁하는 성향의 날개를 강하게 사용하는 경우에는 더 그렇습니다. 가끔은 뭉그적거리다가 곁길로 빠지거나 자기가 좋아하는 일에만 지나치게 매달리기도 합니다. 아이를 늘 보호하려고 하기보다는 자신의 행동에서 오는 결과를 직접 확인하는 경험을 통해 책임감을 기를 수 있도록 하십시오.

부모는 자신의 성향 가운데 아이와 잘 맞는 부분이 있는지 살펴보십시오. 부모가 3유형이나 8유형처럼 힘 있게 밀어붙이는 성격이라면, 아이의 느긋하고 태평스러운 성격을 이해하기는 힘들 것입니다. 반면 6유형의 부모는 평화적인 성향의 아이로 인해 마음이 진정되는 느낌을 받습니다. 아이가 주장하는 성향의 날개가 강하다면 가족을 안전하게 보호하는 온화하고 듬직한 사람이 될 것입니다.

캐롤라이나

평화적인 성향인 캐롤라이나는, 어른이 된 후 평화를 지키는 일에 앞장서고 있습니다. 그녀는 누구나 내면의 예술성을 발전시키면 창의성을 발휘할 수 있고, 이를 통해 폭력을 예방할 수 있다고 가르쳐 왔습니다. 그녀는 아이와 부모가 함께 타일 조각에 평화의 소망을 적게 하고, 이 조각들을 모아 벽화로 만드는 프로젝트를 진행했습니다. 이 프로젝트를 시작한 그녀는 다른 사람들에게도 이 방법을 가르쳤습니다. 그 결과 지금까지 세 개 도시에 31점의 평화의 벽화를 만들어 냈습니다.

1
개혁하는 성향

l유형의 지옥

자녀에 대한 질문

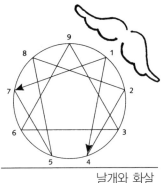

날개와 화살

당신의 자녀는

☐ 1. 음식을 먹은 후 설거지를 도와주어야 한다고
생각합니까?

☐ 2. 스스로 알아서 손을 씻거나 목욕을 합니까?

☐ 3. 굳이 말하지 않아도 궂은 일을 하려고 하는 편
입니까?

☐ 4. 사람들이 맞춤법을 틀릴 때 고쳐 주는 등 모든 일에 잘 알고 있다는 태도를 보입
니까?

☐ 5. 괴롭히지는 않지만, 대체로 친구들을 통제하려고 합니까?

☐ 6. 누군가 일을 대충한다는 판단이 들면 더 나은 방법을 찾아 해결하려는 편입니까?

☐ 7. 대의명분이나 이상을 추구하는 데에 관심이 많습니까?

☐ 8. 학교생활에 진지하고 숙제를 열심히 하며, 그렇게 하지 않는 친구들을
비난하는 편입니까?

위의 문항에 대부분 '예'라고 답했다면, 당신의 자녀는 개혁하는 성향으로 행동하고 있
는 것입니다. 그러나 어른이 되었을 때는 다른 유형이 될 수도 있습니다.

개혁하는 성향의 아이는 대체로 진지하고
모든 일에 열심히 노력하는 편입니다.
화살과 날개 유형들은 아이를 좀 더 가볍고
창의적인 사람으로 만들어 줄 수 있습니다.

개혁하는 성향의 아이는 보다 더 '올바른' 삶을 살기 위해
스스로에게 엄격한 잣대를 적용합니다.

개혁하는 성향 중 어떤 아이는
모든 일에 옳은 방법은 단 한 가지밖에 없다고 생각합니다.

며칠 후······

한편 다른 집에서는······

개혁하는 성향의 아이 가운데 몇몇은
모든 것이 더 나아지기를 바라는 마음에서
친구들이 줄을 똑바로 서도록 지시합니다.

자기 자신에게도 엄격합니다.

실수를 하면 자신을 책망하고,

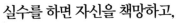
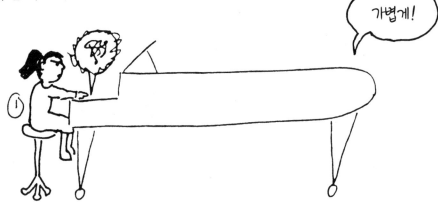

피아노를 조율하게 되면
완벽하다고 느낄 때까지
멈추지 않습니다.

멍멍이는 피아노 전 곡을 듣고
열심히 익혀 완전히 터득했습니다.

개혁하는 성향의 가장 건강한 모습은
분석적이고 논리적이며, 공정하고 균형잡힌 모습입니다.

새미가 금붕어들이
몸으로 글씨를
만들 수 있도록
인내와 끈기를 가지고
훈련시킨 덕분에
탐정이 범인을 금방
찾아낼 수 있었습니다.

개혁하는 성향의 아이는 이상적인 사회를 꿈꾸며

이를 위해 열심히 공부하고 맡은 바 책임을 다 하며 성실하게 살아갑니다.

다른 사람들은 자신처럼 최선을 다하며

열심히 살지 않는다고 생각합니다.

자신의 부족한 부분과 연약함을

다른 사람에게 보이는 것을 두려워합니다.

분노를 표현하지 않아야 한다고

생각하는 경향이 있습니다.

따라서 인생을 가볍게 즐기며

내면에 잠재된

창의적인 면을 발전시키도록

도와주어야 합니다.

개혁하는 성향의 아이가 열 가지 상황에 대처하는 방식

등교 시간 지키기

개혁하는 성향의 아이는 모든 것을 정리 정돈하려고 합니다. 드물기는 하지만 학교 가기 전에 책가방을 한 번 더 확인하다가 지각할 수도 있습니다. 이때는 야단치기보다는 지각을 하면 학교에서 해야 할 일을 못할 수 있으며 사소한 일에 신경쓰다가 더 큰 것을 놓칠 수도 있다는 것을 깨닫게 도와주십시오. 다만 이로 인해 아이가 죄책감을 느끼지 않도록 유의하십시오.

개혁하는 성향 중 어떤 아이는 원칙과 도덕을, 어떤 아이는 꼼꼼하고 단정하며 깔끔한 것을 중요하게 생각합니다. 전자의 경우에는 보다 나은 세상을 이상적인 방법으로 만드는 것에 관심이 많고 정시에 도착하는 것에 대해서는 연연해 하지 않습니다.

공부 습관

개혁하는 성향의 아이는 최선을 다하려고 노력하다가 스트레스를 받아 두통이나 복통을 느낄 때가 있습니다. 아이에게는 공부를 시키는 것보다 숙제에 집착하지 않도록 하는 것이 더 어렵습니다.

이 성향의 아이는 자기 속도에 맞게 조절하는 능력을 배울 필요가 있습니다. 잔소리 하지 마십시오. 아이는 이미 자신에게 충분히 엄격합니다.

> 널 위해 바구니를 짜고 있단다.

아이에게는 진지하게 임해야 하는 활동과 더불어 경쟁이 필요 없는 즐거운 활동에 참여하는 것이 중요합니다.

예의범절

개혁하는 성향의 아이는 자신이 충분히 예의 바른지에 신경쓰느라 스트레스를 받습니다. 화내는 것은 옳지 않으며, 분노를 느끼는 자신의 솔직한 감정을 무례하다고 생각하기도 합니다. 스스로를 솔직하게 드러내고 자신의 행복을 중요하게 여기도록 도와주십시오.

친구 사귀기

개혁하는 성향의 아이는 매우 진지하며, 무례하거나 짓궂은 친구들과 함께 있는 것을 불편해 합니다.

이 성향의 아이에게는 지식이나 기술을 요구하는 경쟁 활동보다는 캠핑이나 연극 같은 협동이 필요한 활동을 하도록 격려하고 매일 한가하면서도 재미있는 시간을 만들어 주십시오. 청소년 자녀가 있다면 산책이나 화초 키우기, 수영 같은 긴장을 풀어주는 활동을 당신과 함께 하는 것도 아주 좋습니다.

63

잠버릇과 식습관

우리는 많은 시간을 먹고 자는 일에 쓰기 때문에, 이 일에 최대한 스트레스를 받지 않는 것이 중요합니다. 잠 잘 마음이 없는 아이에게 침대로 가라고 강요하지 마십시오. 가족과 함께 조금 더 시간을 보내게 하든지 졸릴 때까지 방이나 침대에서 조용히 놀게 놔두는 것이 좋습니다. 싫어하는 음식을 억지로 먹게 하지 말고 다른 것을 주십시오. 식사 전에 과자를 먹지 않는 대신에 싫어하는 시금치 무침을 안 먹어도 된다고 적절하게 타협하면 아이의 버릇은 나빠지지 않습니다.

식사 시간은 가족들이 돌아가며 이야기하고 서로 이야기를 들어주는 즐거운 시간이 되도록 하십시오. 그렇다고 엄격한 규칙으로 정할 필요는 없습니다. 먼저 어른부터 이야기 한다는 규칙이면 충분합니다. 개혁하는 성향의 아이는 일반적으로 식사 예절을 배우고 싶어 하지만 다른 성향의 자녀는 버릇없이 굴 수 있습니다. 그럴 때는 그 자녀를 어른 가까이 앉히거나 기본적인 식사예절만 언급하는 것이 좋습니다. 개혁하는 성향의 아이는 부모가 식탁 앞에서 신문을 읽고 있으면 자기를 무시한다고 느끼므로 식사 중에는 아이와 함께 대화하십시오. 식사 시간은 엄격한 예절을 배우는 시간이 아니라 대화하며 즐기는 시간입니다.

자기주장

개혁하는 성향의 아이는 결단력이 있고, 정의와 도덕에 대한 감각이 발달되어 있어 다른 사람에게 쉽게 끌려 다니지 않습니다. 오히려 지나치게 자신의 생각을 주장하기도 하는데, 이럴 때는 자신과 다른 관점을 가진 사람의 입장을 헤아려 보라고 이야기해 주십시오.

의사결정

개혁하는 성향의 아이는 기분과 감정에 따라 결정하기보다는 규칙이나 합리적인 생각에 의해 객관적으로 결정합니다. 아이는 '옳은' 일을 해야 하는 것을 중요하게 생각한 나머지 지나치게 엄격해질 수 있습니다. 따라서 옳은 일이나 꼭 해야만 하는 일이 아닌 진정으로 원하는 일이 무엇인지를 찾고 이를 바탕으로 결정하도록 도와주어야 합니다.

아이가 부모의 생각과 다른 결정을 하려고 하면, 특정 방식을 강요하지 말고 여러 대안 가운데 선택하도록 해 주십시오. 이렇게 하면 아이의 불만도 최소화할 수 있고, 대안 중에서 선택하는 것도 괜찮다는 것을 가르쳐 줄 수 있습니다.

활동

개혁

하는 성향의 아이는 대체로 힘이 있으며, 자신이 잘하는 것을 개발하고 일을 잘 처리하는 데 동기부여를 받습니다.

연습은 완벽을 낳습니다.
활 쏘는 물고기는 얼마 지나지 않아
먹이를 물로 쏘아 떨어뜨릴 수 있게 됐습니다.

맛있는 곤충을
맞힐 준비가
다 됐어!

① 활 쏘는 물고기

정서적 성숙

개혁

하는 성향의 아이는 지나치게 분석하려는 경향으로 인해 감정이나 창의성이 부족할 수 있습니다. 따라서 춤, 핑거 페인팅, 드럼 연주와 같이 긴장을 풀어주는 자유로운 형식의 문화예술 수업을 받도록 하면 좋습니다. 부모와 함께 다양한 장르의 영화나 만화, 코미디 프로그램을 보는 것도 좋은 방법입니다. 실수해도 괜찮으며 오히려 실수는 필요한 것이라고 알려 주십시오. 당신 역시 개혁하는 성향의 부모라면 이렇게 하기 무척 어려울 것이지만 말입니다.

개혁하는 성향의 아이는 모범적이고 협조적입니다. 그러나 부모가 이런 특성을 지나치게 이용하면 자녀의 장난기나 아이다움이 없어질 수 있습니다.

모든 부모는 개혁하는 성향의 아이에게 강요하고 싶은 유혹을 받습니다. 자녀가 부모의 말을 잘 따르면 자신도 부모 역할을 잘 했다고 생각하기 때문입니다. 하지만 개혁하는 성향의 아이는 자신의 결점을 아주 잘 찾아내기 때문에 모든 일에 자존감을 북돋아주는 방식으로 대해 주어야 합니다.

장난스럽거나 실없이 행동해도 괜찮다고 격려하고 아이가 진심으로 좋아하는 일을 하도록 해 주십시오. 불완전한 세상에 대해 알려 주는 동화나 이야기를 들려주는 것도 좋습니다. 실수나 실패, 잘못된 행동을 너그럽게 받아들이십시오. 부모의 이런 행동이 아이의 부담을 덜어줍니다.

효실이의 산림보호

이제 열 살인 효실이는,
높은 나뭇가지에 앉아
집 앞에서 공회전 하는
자동차 번호 적는 것을
좋아합니다.

이불을 대하는 다양한 태도

2
도와주는 성향

자녀에 대한 질문

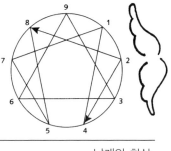

날개와 화살

당신의 자녀는

☐ 1. 자신의 필요는 말하지 못하고, 사람들이
　　원하는 것에 우선순위를 두는 편입니까?

☐ 2. 쉽게 상처받는 편입니까?

☐ 3. 어려운 사람들에게 마음이 끌리고, 그들에
　　게 조언하는 것을 좋아합니까?

☐ 4. 사람들이 원하는 일을 할 수 있도록 격려하고 돕는 방법을 알고 있습니까?

☐ 5. 다른 어떤 것보다 사람들과 함께 있는 것을 좋아합니까?

☐ 6. 관심을 끌기 위해 다른 사람을 기쁘게 하거나 자신을 드러내려고 노력하는 편
　　입니까?

☐ 7. 학교에서 모범생이 되려고 노력합니까?

☐ 8. 굳이 말하지 않아도 다른 사람들의 필요를 잘 알아차리는 편입니까?

위의 질문에 대부분 '예'라고 답했다면, 당신의 자녀는 도와주는 성향으로 행동하고 있
는 것입니다. 그러나 어른이 되었을 때는 다른 유형이 될 수도 있습니다.

도와주는 성향의 아이는 '다른 사람을 위해' 일하는 것을 좋아합니다.

도와주는 성향의 아이는
매우 친절하며

도움이 필요한
사람들을
잘 돌봐줍니다.

도와주는
성향의 아이는
사람들을
무척
좋아합니다.

자신이 사랑하는 사람들을
지지하고 보호하려 하며,

인간 관계에 문제가 생기면
배신감을 느끼거나
거절당했다는 느낌을 받습니다.

도와주는 성향의 아이는
사람들로부터 인정과 사랑을 받기 위해

너한테는 분홍색이
더 잘 어울리는 것 같아.

일을 잘 해 내고
(멋지게 공연하고)

②

적절한
조언을
해 주며

②

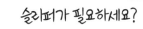

슬리퍼가 필요하세요?

사람들을
기쁘게 해 주고

②

귀엽게 행동합니다.

②

가끔은 사람들에 대해 생각하기
싫어질 때도 있습니다.

착하게 행동하고, 사람들이 듣고 싶어 하는 말을
해 주는 데 지쳤기 때문입니다.

사람들을 기쁘게 해 주려고 노력하다 보면,
자신의 참모습을 발견하고
성장하는 데 사용할 힘이
남아 있지 않습니다.

생각할 수 있는
혼자만의 시간을 갖고

창의적인 활동을 하며

송어 두 마리를 주세요.
어서요!

보다 더 직접적이고 분명하게 자신의 주장을
표현할 수 있을 때
더 큰 안정감을 느낍니다.

도와주는 성향의 아이가 열 가지 상황에 대처하는 방식

등교 시간 지키기

도와주는 성향의 아이는 모범생이 되기 원하기 때문에 정시에 등교합니다. 그러나 학교 가는 길에 어쩌다가 길 잃은 새끼 고양이를 만나게 되면 우선 그 고양이를 돌보려고 합니다. 이런 일이 자주 일어나지만 않는다면, 선생님께 등교 시간을 잘 지키는 아이라고 칭찬받을 것입니다.

야옹, 오직 '너'만이 나를 구해줄 수 있어.

공부 습관

도와주는 성향의 아이는 학교가 끝나면 바로 숙제를 하기보다는 친구들과 놀고 싶어 할 가능성이 다른 성향의 아이보다 높습니다. 웬만하면 학교에서 돌아온 후 곧바로 숙제를 하도록 하고 그 이후에 보상으로 자유 시간을 주십시오. 아이가 친구들과 떨어지는 것을 지나치게 힘들어 하면, 친구와 함께 숙제를 하도록 하거나 따로 숙제 시간을 정하여 규칙을 지키도록 도와주십시오. 도와주는 성향의 아이는 감수성이 예민하고 남들을 기쁘게 하는 것을 원하기 때문에 일관성 있고 체계적으로 양육하되 엄하게 다루지 않는 것이 좋습니다.

예의범절

도와주는 성향의 아이들 대부분은 일단 겉으로는 공손하고 예의 바른 편입니다. 아이는 감정적이기 쉽고 사람들의 관심을 끄는데 힘을 많이 쓰기 때문에, 이러한 힘을 긍정적인 에너지로 표현하도록 도와주어야 합니다. 관심을 끌기 위해서 남의 물건에 손대거나 남을 때리면 안 된다는 규칙을 확실하게 알려주어야 합니다. 몇몇 아이에게는 상대의 호의를 잃는다는 것을 알면서도 고분고분하지 않은 행동을 한다는 것은 긍정적인 신호이기도 합니다.

아이는 분노를 표출하는 순간에도 자기 안에 있는 적대적인 감정을 숨기거나 부인할 수 있습니다. 누군가 아이에게 화난 것 같다고 말하면, 아이는 그 사람이 왜 그렇게 말하는지 이해하지 못하거나 당황할 수 있습니다. 아이가 자신에게든 다른 사람에게든 적절한 분노를 갖는 것은 자연스러운 일이며 때로는 화를 내도 괜찮다고 말해주십시오.

친구 사귀기

도와주는 성향의 아이는 사교적이
면서도, 사람들을 통제하고
조종하려 들거나 우쭐대는 경향이 있습니
다. 아이가 자신의 생각을 직접적으로 밝
히고 사람들을 공정하게 대하려고 할 때는
반드시 칭찬해 주십시오. 하지만 평소와
달리 수줍음을 타고 사람들을 피하면 왜
그러는지 알아보고 아이와 이야기를 나누
십시오. 그림이나 게임을 즐길 수 있도록

도와주고 친구들을 초대 하십시오. 굳이 모두에게 인정받을 필요는 없다는 것을 가르쳐
주는 것이 좋습니다.

잠버릇과 식습관

먹고 자는 일에 있어서 어려움을 겪지 않아야 합니다. 만일 아이가 잠을 못 자거나 악몽을 꾼다면, 안고 달래며 마음을 편안하게 해 주십시오. 식성이 까다롭다면 좀 더 크면 좋아질 거라고 믿어주는 것은 어떨까요? 야단치거나 아이를 따라 다니며 떠먹이는 방법으로 식사에 간섭하지 않는 것이 좋습니다.

도와주는 성향의 아이는 힘들거나 두려운 마음이 생기면 많이 먹거나 많이 자는 것으로 달래려고 할 수 있습니다. 아이가 걱정이 있는지, 당황스러워하거나 슬퍼하지는 않는지 주의 깊게 살펴보십시오. 코칭이 필요하면 전문가와 이야기를 나누는 것이 좋습니다.

자기주장

도와 주는 성향의 아이들은 대부분 외향적이고 사람들에게 좋은 인상을 주고 싶어 합니다. 아이의 의견을 소중하게 여겨주고 당신이 아이를 믿고 있다는 것을 알려 주면, 아이는 자신 있게 자기 의견을 말할 수 있습니다. 어떤 아이는 고분고분하게, 어떤 아이는 열정적으로 설득력 있게 의견을 표현하기도 합니다.

의사결정

도와주는 성향의 아이는 가끔 자신이 진정으로 무엇을 원하는지 잘 모릅니다. 그래서 기다리면서 다른 사람의 행동을 지켜보거나, 다른 사람들이 좋아할 거라고 생각하는 대로 행동합니다. 아이에게 좋아하는 색깔이나 원하는 맛이 무엇인지 물어보십시오. 그러면 아이가 자신에 대해 생각할 수 있을 것입니다. 가족이 함께 모여서 특정 주제에 대한 자신의 생각을 밝히고 다른 사람의 생각을 지지하는 놀이를 하는 것도 도움이 됩니다. 최근에 일어난 일이나 함께 본 영화와 같은 사소한 주제도 괜찮습니다. 이러한 놀이를 자주 하면 아이의 의사결정 능력이 높아지고 아이만의 개성을 발견하며 자신감을 심어주는 데 큰 도움이 됩니다.

활동

도와주는 성향의 아이는 친구들과 어울리고 싶어 합니다. 이러한 성향에 균형을 잡기 위해서는 친구와의 사회활동 뿐 아니라 다른 활동에도 관심을 갖도록 도와주어야 합니다. 부모나 이웃의 일터에 방문하거나 숲이나 바닷가를 말없이 함께 걸으며 자연을 즐길 수 있도록 하십시오. 자신이 좋아하는 특별활동에 참여하고 다양한 박물관이나 수족관, 여행지를 방문하면 좋습니다.

정서적 성숙

도와주는 성향의 아이는 인간관계와 감정으로 이루어진 세계에서 살고 있습니다. 아이에게 있어서 사람들의 호감을 얻는 것은 매우 중요합니다. 세상이나 일이 돌아가는 원리에 대해 이야기해 줌으로써 사람에게 집중된 아이의 관심사에 균형을 잡아 주십시오. 당신이 아이의 감정을 받아 주지 않으면 아이는 사랑받지 못한다고 느낍니다. 아이의 상한 마음과 기분에 귀를 기울이고 진지하게 받아 주십시오. 도와주는 성향의 아이는 지지와 격려를 많이 받아야 합니다. 집에서 충분히 애정을 받으면 건강하지 못한 방법으로 사랑을 구걸하는 일은 없을 것입니다. 갈등을 아이의 눈으로 바라보면서, 자기 의견을 직접 표현할 수 있도록 격려해 주십시오.

다양한 관점에서 상황을 바라볼 수 있는 아이와 달리, 이 성향의 아이는 한 번에 한 사람에게만 집중해서 그 사람에게 자신을 맞추려고 합니다. 그래서 여러 사람과 동시에 관계 맺는 것을 혼란스러워하며 스트레스를 받습니다. 부모와 함께 있을 때도 마찬가지일 수 있으므로 정기적으로 돌아가며 부모 중 한 사람과 함께 시간을 보내는 것도 좋은 방법입니다.

도와주는 성향의 아이에게 현실을 건강하게 인식하도록 돕기 위해서는 다양한 환경을 접하게 하고 경험을 통해 배우도록 하는 것이 좋습니다. 아이는 현실을 쉽게 부인하고 실제와 다르게 모든 상황을 좋게 평가할 수도 있습니다. 최대한 부드럽게 현실의 부정적인 측면을 보고 느낄 수 있도록 해 주는 것이 좋습니다.

책임감

도와주는 성향의 아이는 애완동물을 기르거나, 친구를 위로하고, 사람들의 문제를 해결해 주는 것과 같은 자기가 좋아하는 일을 하면서 책임을 다 하는 훈련이 도움이 됩니다.

이 성향의 아이는 사람들의 마음을 잘 읽는데, 이러한 능력을 긍정적으로 쓸 수도 있고 다른 사람을 조종하는 데 사용할 수도 있습니다. 이런 면에서 부모가 직접 본을 보이는 것이 좋습니다. 아이가 친구 집에 놀러가는 것을 허락할 때 아이가 부모를 잘 설득해서가 아니라 부모가 좋은 일이라고 판단했기 때문에 허락한다는 점을 분명히 알려 주십시오.

도와주는 성향과 성취하는 성향의 아이는 자기가 자신에 대해 어떻게 생각하는가 보다 사람들에게 어떤 모습으로 보이는가에 관심이 더 많습니다. 당신의 자녀가 이런 성향이라면, 당신과 다른 아이의 모습을 이해하고 아이가 자신만의 가치와 개성을 찾을 수 있도록 도와주십시오.

3
성취하는 성향

자녀에 대한 질문

당신의 자녀는

□ 1. 목표를 이루기 위해서 끈기 있게
　　노력합니까?

□ 2. 선생님께 인정을 받는 편인가요?

□ 3. 사교적인 상황에서 잘 처신하는 편입니까?

□ 4. 잘 차려입거나 깨끗하며 세련된 모습을 좋아합니까?

□ 5. 힘과 열정이 넘치지만 일을 너무 많이 해서 피곤해하는 편입니까?

□ 6. 재능이 많고 자신의 생각을 말로 잘 표현합니까?

□ 7. 민첩하고 효율적으로 생각하는 편입니까?

□ 8. 대체로 낙천적이고 자신감 있어 보입니까?

날개와 화살

위의 질문에 대부분 '예'라고 답했다면, 당신의 자녀는 성취하는 성향으로 행동하고 있는 것입니다. 그러나 어른이 되었을 때는 다른 유형이 될 수도 있습니다.

성취하는 성향의 아이는
항상 바쁘고 활기차며

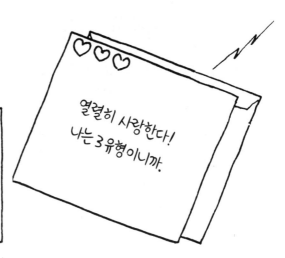

있잖아요. 할아버지. 제 얘기대로 하면
우리 둘에게 모두 좋을 거예요. 제가 계속 할아버지
무릎 위에 앉아있으면, 번거롭게 800명을 일일이
안아주지 않아도 되고 시간도 절약되잖아요.

실제적이고
끈기 있게
'일을 이루어' 냅니다.

성취하는 성향의 아이는
사람들이 자신을
자랑스럽게 여기는 것을
좋아합니다.

사람들의 마음을
움직일 줄 알며,
사람들을
이끌고 설득하는
능력이
있습니다.

성취하는 성향의 아이는 <u>스스로</u> 높은 목표를 세웁니다.

성취하는 성향의 아이는
어떤 상황에서든
멋져 보이는 것이
중요하며,

친구들도 멋져 보여야 합니다.

나랑 같이 다니고 싶으면
멋진 껍데기를 구해 와.
난 이미지를 중요하게 생각하거든!

그래서 유행에 민감합니다.

아이는
어디서나 기회를 잘 잡으며
실패에 대해서는
별로 생각하지 않습니다.

실패한다 해도 그것을
또 다른 기회로 만들 것입니다.

성취하는 성향의 아이는 무언가를 열심히 하고 경쟁하며 항상 긴장상태에 있기 때문에 스트레스를 받습니다. 행복하고 건강한 삶을 위해서는 느긋함이 필요하다고 조언해 주십시오. 아이는 칭찬받으려고 노력하지 않아도 있는 모습 그대로 사랑스러운 존재라는 것을 알려 주십시오. 아이의 감정을 돌보는 데 많은 시간을 쏟고, 친구와 의미 있는 관계를 발전시키도록 격려해 주십시오.

이 성향의 아이에게 가장 중요한 화두는 '정직'입니다. 개인적인 감정이나 우선순위를 주장하기보다는 남들에게 보이는 이미지를 중요하게 생각하고 사람들에게 좋은 인상을 주는 데 관심이 많습니다. 아이의 균형 잡힌 삶을 위해서는 내면세계를 존중해 주고 아이가 자신의 관심사를 살필 수 있도록 도와주며 스스로 세운 원칙을 발전시키도록 격려하는 것이 필요합니다.

성취하는 성향의 아이가 열 가지 상황에 대처하는 방식

등교 시간 지키기

성취하는 성향의 아이는 학교생활에 긍정적으로 임하며, 등교 시간도 잘 지키기 원합니다. 만일 지각을 한다면 아이가 선생님이나 친구들과의 관계에서 문제가 있는 것은 아닌지 살펴보십시오. 이 성향의 아이는 자신의 어려움을 겉으로 드러내지 않기 때문에 부모는 인내를 가지고 아이의 마음을 읽어내야 합니다.

등교 준비를 전날 밤에 하도록 하면 다음날 아침에 한층 수월해질 것입니다. 아이가 청소년이 되면 예습을 하거나 멋을 부리기 위해 일찍 일어나려고 할 것입니다.

공부 습관

성취하는 성향의 아이는 돋보이기 원하기 때문에 지름길을 택하거나 자신의 능력보다 더 많은 일을 벌일 수 있습니다. 이 성향의 아이는 명석한 사고와 조직력으로 학교에서 우수한 학생이 되기도 합니다.

선생님에게 사랑받고 싶어 하면서도 가끔 교만하고 독단적인 행동으로 곤란에 처하기도 합니다. 하지만 자발적으로 목표를 세우고 열심히 공부할 것입니다. 성취하는 성향의 은혜도 6학년 때 박사가 되겠다는 목표를 세웠고, 열심히 노력해서 결국은 그 목표를 이루어냈습니다.

예의범절

성취하는 성향의 아이는 사람들에게 좋은 인상을 남기고 싶기 때문에 대체로 예의바르게 행동합니다. 사람들 앞에서는 자신 있는 표정과 말쑥한 옷차림으로 청결함을 유지하려 노력합니다.

성공 비법을 알려주는
3 클럽으로 초대합니다!

월요일 방과 후 5시

- 효과적인 필기 전략
- 좋은 인상을 주는 방법
- 나를 돋보이게 하는 방법

친구 사귀기

성취하는 성향의 아이는 대부분 인기 있는 리더입니다. 아이는 남들이 자신처럼 되어야 하거나 되고 싶어 한다고 믿기 때문에 그렇지 않은 사람을 이해하기 어려워합니다. 사람들이 자신을 쉽게 받아들이지 않으면 절망하고 마음을 닫습니다. 아이는 알고 지내는 사람들이 많은 편이므로 그들과의 관계를 소중히 여기고 친밀한 관계로 발전시킬 수 있도록 격려하십시오.

만약 당신이 내성적인 부모라면, 성취하는 성향의 아이가 목표를 성취하는 데에서 강한 동기부여를 받는다는 사실을 명심해야 합니다. 아이는 목표를 성취하는 과정에서 방해받을 경우 신경이 예민해지므로, 아이가 이룬 일을 과소평가하거나 인정받기 위해 열심히 하려는 욕구를 무시하지 마십시오. 성취 자체보다는 아이가 느끼는 성취감에 초점을 맞추고 이를 충분히 인정해 주십시오.

잠버릇과 식습관

성취하는 성향의 아이는 에너지가 넘치기 때문에 잘 시간이 되어도 자지 않으려 할 수 있습니다. 잠자리에 들 때 조용한 이야기를 들려주는 식으로 아이가 차분하게 잠 들 수 있는 분위기를 만들어 주십시오.

아이는 멋진 몸매와 건강을 원하기 때문에 대체로 몸에 좋은 것을 먹고 싶어 합니다. 식사 분위기를 차분하게 유지해서 아이가 가족과 함께 있는 시간을 즐기도록 도와주십시오. 먹고 자는 시간은 최대한 긴장하지 않는 즐거운 시간이어야 합니다. 잠버릇과 식습관에 있어서 엄격하거나 지나치게 느슨하지는 않은지 스스로 점검하십시오. 아이의 식습관에 걱정스러운 점이 있다면 전문가의 도움을 받는 것이 좋습니다. 부록에 나오는 '이럴 때는 이렇게 하세요'의 섭식 장애 부분을 먼저 읽어도 좋습니다.

의사결정

성취하는 성향의 아이는 대체로 스스로 의사결정을 하며 단호한 결단력을 가지고 있습니다. 그리고 시간을 낭비하는 것을 좋아하지 않기 때문에 한 가지 일을 처리한 후 즉시 다음 일을 시작하는 것을 좋아합니다.

자기주장

성취하는 성향의 아이는 유창한 말솜씨와 사회적 표현력으로 자신을 드러내는 데 탁월합니다. 다른 사람의 기분을 맞춰주려 노력하는 만큼이나 스스로도 즐거워하도록 노력해야 한다는 것을 알려주십시오. 아이는 목적을 달성하지 못하면 자신이 주목받을 때까지 더 큰 소리로 말할 것입니다.

활동

다람쥐더러
움직이지 말라고 할 수는 없다.
울창한 숲 속에서라면 더욱.
― 프레드 에디슨

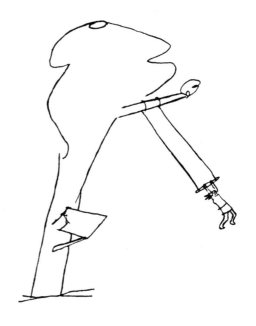

성취하는 성향의 아이를 둔 부모 가운데 몇몇은 아이가 지나치게 활기차고 다부지며 의욕이 넘친다고 생각합니다. 아이가 스트레스를 받는 것 같으면, 부모는 아이에게 부담을 내려 놓고 느긋하게 쉴 수 있도록 해 주어야 합니다. 이 성향의 아이에게는 경쟁적인 활동보다는 차분하고 반복적인 활동에 참여하는 것이 도움이 됩니다.

정서적 성숙

성취하는 성향의 아이는 대중문화에 쉽게 동화되며, 다른 사람들에게 지나치게 영향을 받기도 합니다. 아이가 무엇을 좋아하는지 자주 물어보아 스스로 자신의 관심사와 우선 순위를 깨달을 수 있도록 도와주십시오. 창의적인 작업이나 사회 정의를 위한 활동, 사람들을 돕는 일에 참여하도록 격려해 주십시오. 당신이 자녀와 마찬가지로 성취하는 성향의 부모라면 자녀를 드러내놓고 자랑하는 것을 조심하십시오. 그렇지 않으면 자녀의 성취하는 성향이 균형 잡히기보다 과하게 강화될 수 있기 때문입니다. 아이가 어떤 감정을 느끼고 있는지 살펴보고 아이의 내면에서 어떤 일이 일어나고 있는지 함께 경험해 보십시오.

책임감

성취하는 성향의 아이는 자신의 삶에 지나치게 몰두한 나머지 다른 의무들을 소홀히 할 수 있지만 대체로 자신의 목표와 관련된 일에는 강한 책임감을 보여줍니다.

부모는 남을 돌보는 일의 중요성을 강조함으로써 아이를 도울 수 있습니다. 애완동물을 보살피게 하거나 집안일을 맡기는 것도 좋습니다.

당신이 체계적인 성격이 아니라면, 아이의 성향에 맞춰서 아이의 삶이 좀 더 순조롭고 효율적으로 나아갈 수 있도록 도와주십시오.

4
낭만적인 성향

자녀에 대한 질문

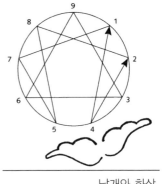

날개와 화살

당신의 자녀는

☐ 1. 쉽게 상처를 받는 편입니까?

☐ 2. 특별하게 보이고 싶어 합니까?

☐ 3. 옷장에 화려한 옷이 가득하거나
그런 옷장을 갖고 싶어 합니까?

☐ 4. 가끔 자신에 대한 생각이나 상상에 빠져들 때가 있습니까?

☐ 5. 희극적이면서도 비극적인, 드라마틱한 감수성을 가지고 있습니까?

☐ 6. 예술을 즐기거나 자신만의 아름다운
물건을 수집하는 것을 좋아합니까?

☐ 7. 사물을 바라보는 방식이 특별하고
독창적입니까?

☐ 8. 때때로 침체되어 있거나 우울해하는 편
입니까?

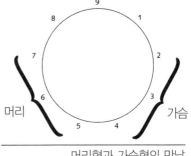

머리형과 가슴형의 만남

위의 질문에 대부분 '예'라고 답했다면, 현재 당신의 자녀는 낭만적인 성향으로 행동하고 있는 것입니다. 그러나 어른이 되었을 때는 다른 유형이 될 수도 있습니다.

"몇몇 사람들은 제가 4유형이라고 단정 지었지만, 사실 저는 4유형 날개의 영향을 강하게 받는 5유형이에요. 그러니 함부로 다른 사람의 유형을 넘겨짚지 마세요."

낭만적인 성향의 아이는
반복적인 일상이
지루하고 따분하며
의미 없다는
느낌을 받습니다.

낭만적인 성향의 아이는 연극, 춤, 미술, 음악 활동에 참여하고 체험하는 것을 좋아합니다. 영화를 보거나 상상의 나래를 펴는 것도 무척 즐깁니다. 아름다운 것이 갖고 있는 순수함과 사랑스러움, 황홀함과 신비감과 예측할 수 없는 느낌들도 좋아합니다.
이것은 음악성과 예술적 감수성이 풍부한 아이가 쓴, '보슬보슬 거위' (The Furry Goose) 라는 제목의 시입니다.

Furry Goose
보슬보슬 거위

Furry Geese
보슬보슬 거위들

Furry Moose
보슬보슬 사슴

Furry Meese
보슬보슬 사슴들

보슬보슬 빈대들
* Furry Lice

엘리제를 위하여
Für Elise

* 영어 발음의 유사성과 반복에 주목하십시오.
마지막 행은 발음의 유사성뿐 아니라, '엘리제를 위하여' (Für Elise) 악보의 첫 마디에서 온음에 붙어 반복되는 반음들이, 어딘가에 늘 붙어사는 '보슬보슬 (털이 많은) 빈대들'(Furry Lice)과 유사하다는 중의적 의미를 담고 있습니다.

낭만적인 성향의 아이는
친근하고 따뜻한 편이지만
때로는 수줍어하고 외로워하며

자신의 감정에
쉽게 사로잡히고,

자신이 다른 사람들과
잘 어울리는 사람인지 궁금해 할 때도 있습니다.

애완동물 쇼

때로는
자신이 갖지 못한 것을
갈망하고

남들이 가진 것을
부러워합니다.

게다가 남들도
자신이 가진 것을 갖고 싶어 하거나
부러워한다고 생각합니다.

마치 고양이가

　자신만의 장소에

　　특별한 의미를

　　　부여하는 것처럼

남과 다르게

작은 것이지만,

그 속에서 특별한

의미를 찾아냅니다.

낭만적인 성향의 아이는
감수성이 매우 예민하여
사람들이 자신에게
화를 내면
수치심에 빠집니다.

영혼을 나눌 수 있는
친구와의
깊은 관계를
갈망합니다.

낭만적인 성향의 아이는 가끔 자신이 오해받고 있다고 느낍니다.

따라서 아이와 대화할 때는 주의 깊게 들어주는 것이 중요합니다.

아이의 감정이 격해졌다면 휘말리지 말고 아이가 느끼는 바를 인정해 주십시오.

때로는 이 방법이 아이로 하여금 자신만의 감정에서 벗어나

사람들과의 관계 속으로 들어갈 수 있도록 도와줍니다.

이는 아이 특유의 영민함과 유머 감각을 발휘하도록 도와주는 데도 유용합니다.

낭만적인 성향의 아이가 열 가지 상황에 대처하는 방식

등교 시간 지키기

엉엉.
제 진정한
사랑이
떠나갔어요.

낭만적인 성향이면서 내성적인 아이는 수줍음이 많아 오랜 시간 동안 사람들과 어울리는 것을 힘들어 합니다. 그래서 학교 가는 것을 겁내기도 합니다. 드물지만 낭만적인 성향이면서 외향적인 아이는 사교적이어서 선생님을 기쁘게 해 드리고 친구들을 만나는 것을 좋아합니다. 낭만적인 성향의 아이는 어느 순간 자기 감정에 사로잡히기 쉽습니다. 네 살인 진성이는 결혼하기로 약속한 유치원 친구가 이사를 가자, 깊은 슬픔에 빠져 밤새도록 울었습니다. 당연히 다음날 유치원에 지각했습니다.

아이는 아침에 원하는 신발이 놓여있지 않으면 신경질을 낼 수도 있습니다. 어린 아이의 경우에는 밤에 미리 옷가지를 제자리에 정리해 주고 준비물을 확인해 주는 것이 좋습니다. 친구와 싸웠거나 울적한 기분이 들거나 소외감을 느끼면 학교가기 전에 꾸물댈 수도 있습니다. 자신이 원치 않는 새로운 상황으로의 전환을 어려워하기 때문에 월요일 아침을 가장 힘들어 합니다. 이럴 때는 주로 배가 아프다고 할 것입니다. 그때는 일단 긴장을 풀어주고 학교에 가서 문제가 생기면 전화하라고 이야기해 주는 것이 좋은 방법입니다.

공부 습관

숙제를 시작하는 것을 어려워한다면 먼저 이유를 찾아보십시오. 상처를 받았거나 기분이 좋지 않다면 마음을 가다듬을 시간을 충분히 주어야 합니다. 가정이나 학교에서 어려움을 겪고 있다면, 왜 힘들어 하는지 편안하게 이야기하도록 도와주십시오. 이 성향의 아이는 단순히 말 뿐 아니라 다양한 방법으로 감정을 표현하기 때문에 부모는 아이의 마음을 잘 읽어야 합니다. 학교에서 하는 연극, 밴드, 오케스트라, 미술, 글쓰기 활동 등은 아이의 창의력을 발휘하는 좋은 통로가 됩니다. 낭만적인 성향의 민서가 보고서를 항상 운율에 맞춰 쓰는 것도 창의성을 보여주는 좋은 예입니다.

예의범절

낭만적인 성향의 아이는 대체로 고분고분하지만 자신의 진가를 알아주지 않는다고 느끼면 억울해 하며 공격적으로 변하여 상대를 신랄하게 비판할 수도 있습니다. 자신이 소중히 여기는 원칙을 함부로 대하면 기분 나쁜 감정을 숨기지 못합니다. 부모는 아이의 이러한 면을 장점으로 여기고, 자신의 감정을 적절하게 표현하는 방법을 찾도록 도와주어야 합니다. 부모나 다른 사람들이 기대하는 사회적 예의가 무엇인지 알려주는 것도 좋은 방법입니다.

친구 사귀기

낭만적인 성향의 아이는 좋아하거나 싫어하는 사람이 매우 분명합니다. 내면의 이야기를 진실하게 나눌 수 있는 특별한 영혼의 친구를 갈망합니다. 아이는 친구에게 매우 따뜻하고 친밀하게 대하면서도 친구의 장점을 부러워하고 시샘하며 때로는 적대적으로 대할 수도 있습니다. 아이가 다른 친구들이 자기보다 더 멋진 방학을 보냈다고 생각하는 이유도 여기에 있습니다.

당신의 자녀가 내성적이면 억지로 새로운 환경에 집어넣으려고 하지 않는 것이 좋습니다. 어떤 경우에는 낯선 사람과 만나기를 원하지 않아서, 당신이 사람들과 이야기 나누는 동안에도 그들과 얼굴을 마주치지 않으려고 할 것입니다. 그러나 어떤 아이는 두려움이 극복될 때까지 부모와 함께 있기만 하면 괜찮다고 생각합니다. 내성적인 아이는 다른 사람과 함께 있는 시간을 최대한 줄여줄 필요가 있습니다. 아이가 온종일 학교에서 잘 지내고 특별활동까지 마친 후에 친구와 손잡고 집에 오기를 바라는 것은 무리입니다.

이 성향의 윤호는 영웅들의 사랑 이야기 같은 낭만적인 이야기는 좋아하지만 거칠게 노는 것은 싫어합니다. 개구쟁이 사촌 승우와는 서로가 만족할 만한 놀이를 찾기 힘들었습니다. 어느 날 윤호가 용감한 기사 이야기를 실감나게 했습니다. 승우는 이야기에 따라 기사가 되어 실감나는 칼싸움 연기를 하며 멋지게 적군을 물리쳤습니다. 이제야 그들은 함께 할 수 있는 놀이를 찾았습니다.

잠버릇과 식습관

다른 아이들도 그렇지만 낭만적인 성향의 아이는 특히 감정이 북받치면 밥을 못 먹고 잠도 잘 자지 못합니다. 이럴 때는 문제를 대화로 풀 수 있는지 살펴보아야 합니다. 어린 아이의 경우에는 자기가 어떤 감정을 느끼고 있는지 파악하지 못할 수도 있습니다. 그 날 있었던 일에 대해 가볍게 이야기를 나누면서 부모가 먼저 이에 대한 느낌을 간단히 말해주고, 이를 통해 아이가 자신의 감정을 알아차리도록 도와줍니다. 날마다 자기 전에 책을 읽어주는 것은 아이에게 매우 의미가 있습니다.

엄마, 너무 졸려서 듣기 힘드시면 가서 주무세요.

이 성향의 아이에게는 차분하고 안정된 분위기에서 먹고 자는 것이 매우 중요합니다. 식사를 하다가 가족 간에 긴장감이 조성되면 아이는 음식을 넘기는 것조차 힘들어합니다. 이 때는 아이의 잘못 때문에 이런 일이 벌어진 것이 아니라고 분명히 말해주십시오. 아이가 어떨 때 편안하다고 느끼는지 주의 깊게 살펴보십시오.

의사결정

낭만 적인 성향의 아이는 확고한 가치관을 가지고 있습니다. 자신이 무엇을 좋아하는지 압니다. 아이가 평소 모습과 다르게 행동한다면 그것은 다른 사람들을 기쁘게 해 주려고 노력하는 것입니다. 대체로 아이는 자신의 감정이나 직관을 중요하게 여기며 이를 바탕으로 의사결정을 내립니다.

자기주장

낭만적인 성향의 아이는 높은 이상을 가지고 있으며 가끔은 세상을 구원하고 싶다는 상상을 합니다. 이 성향의 아이 중 외향적인 아이는 논쟁에 참여하여 확고한 자기 신념을 주장하고 싶어 합니다. 반면 내성적인 아이는 자기 세계에 갇혀 외부와 소통하지 않고 자신만의 공간으로 도망갑니다. 아이가 건전한 자신감과 자아존중감을 가질 수 있도록 도와주십시오. 아이가 스스로 그렇게 하지 못한다면, 당분간 자녀를 지지해주면서 자기 목소리를 점점 분명하게 낼 수 있도록 도와주는 것이 좋습니다.

활동

낭만적인 성향의 아이는 대체로 조용하고 차분합니다. 그러나 원칙이 깨질 것 같은 상황이나 친한 친구가 자신을 필요로 하는 경우에는 힘이 솟아납니다. 흥미롭고 창의적인 작업에 대한 아이디어가 떠오르거나 하고 싶은 것이 문득 생각났을 때도 표현을 잘 합니다. 어떤 아이는 흥분된 감정을 좀 더 생생하게 느끼기 위해 무서운 상황에 뛰어들기도 하지만, 대부분은 이를 매우 무서워합니다.

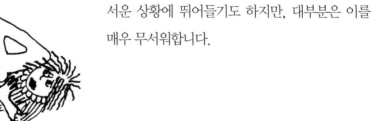

정서적 성숙

낭만적인 성향의 아이는 특정한 방식으로 행동하라는 부모의 압력에 매우 민감합니다. 이러한 압력은 대체로 부모의 방식을 따르라는 경우가 많습니다. 당신은 예민하고 복잡한 아이의 내면을 이해하고 존중

끊임없는 관심

지금은 엄마가 저녁을 준비해야 하니 나중에 다시 이야기하자. 그래도 괜찮겠니?

네, 엄마.

하여 아이가 자존감을 가질 수 있도록 도와주십시오. 자녀의 격한 감정이 염려되더라도 감정의 소통을 원하는 아이의 마음을 이해하려고 노력하십시오. 아이와 함께 있어주고 아이의 말을 경청하십시오. 언젠가는 힘든 시기에 자신을 이해해 준 부모에게 고마워할 것입니다. 과도한 언쟁으로 기분이 상했다면 아이에게 솔직히 이야기하는 것도 좋습니다.

낭만적인 성향의 아이는 버림받는 것을 두려워합니다. 다른 사람의 좋은 점이 부러운 나머지 열등한 자신을 비판하거나 자학하거나 자기 연민에 빠지는 경향이 있습니다. 자녀가 성취감을 누릴 수 있는 활동을 하도록 도와주십시오. 부부가 서로를 존중하는 모습과 부모의 진정한 사랑을 보여주고 표현하십시오. 아이는 부모의 관심과 연민을 내면화하여 자신의 마음을 어루만지는 방법을 배울 것입니다.

낭만적인 성향의 아이는 청소년이 되면 자신에 대해 허무적이고 회의적이며 절망적인 생각에 빠질 수 있습니다. 이 때는 아이의 이야기를 경청하면서 당신이 그의 말을 이해하고 있음을 알려 주는 것이 중요합니다. 그리고 대화를 통해 아이 스스로 자신의 생각이 타당한지 점검해 보도록 하는 것이 좋습니다. 자녀가 극도로 우울해하거나 자살충동을 느끼는 것 같으면 반드시 전문가의 도움을 받으십시오.

책임감

낭만적인 성향의 아이는 화살 유형인 개혁하는 성향의 아이와 마찬가지로 양심적입니다. 학대받는 아동이나 동물을 보호하는 일에 앞장설 정도로 인도주의적이기도 합니다. 관심이 필요한 이웃을 돌보거나 병원이나 양로원 봉사를 하는 것, 맹인안내견을 기르는 일 등은 자녀의 연민과 이타심을 발산하는 기회가 됩니다.

아이의 책임감이 느슨해지면 그것은 아이가 어떤 문제로 힘들어 하거나 반항적인 시기를 지나고 있기 때문입니다. 자녀가 겪고 있는 어려움에 귀를 기울이십시오. 낭만적인 유형의 어른도 어린 시절에는 영문도 모르고 슬픔과 외로움을 느끼곤 했습니다.

예술의 목적은
다른 방법으로는 도저히 표현 할 수 없는
우리 자신에 대한
진정한 무언가를 가르쳐주는 것이다.
– 빌 에반스 (피아니스트)

자신을 성찰하는 낭만적인 성향의 청소년에게 인생의 의미란 규정하는 것이 아니라 느끼는 것입니다. 따라서 에니어그램과 같은 도구로 자신을 어떤 사람으로 규정하는 것을 좋아하지 않을 수 있습니다. 아이는 말로 설명하기 힘든 우울한 감정을 통해서도 삶의 신비를 느낍니다. 누군가 자신의 인생에 도움이 되는 것은 오직 위대한 예술가나 숭고한 사랑 뿐이라고 믿기도 합니다.

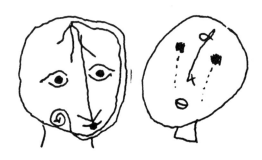

때때로 부모와 교사는 아이가 자신을 성찰하거나 상상에 빠지는 것을 비생산적이라고 오해하곤 합니다. 그러나 아이의 내향성이야말로 창의성의 핵심이며 자신을 회복시키는 힘입니다. 낭만적인 성향의 아이가 기쁨이나 슬픔을 포함한 자신의 감정을 두려움 없이 표현하는 것은 높이 평가할 만한 것입니다.

코피가 나면

5
관찰하는 성향

자녀에 대한 질문

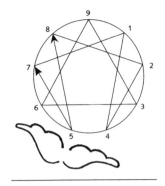

날개와 화살

당신의 자녀는

□ 1. 조용하거나 부끄러움을 잘 타는 편입니까?

□ 2. 혼자서 책을 읽거나 흥미로운 관심사에 빠져드는 것을 좋아합니까?

□ 3. 관심 있는 주제에 대해 주관이 뚜렷하면서도 다른 친구들의 의견에도 기꺼이 귀를 기울이는 편입니까?

□ 4. 사물의 작동 원리나 철학적인 질문에 관심이 있습니까?

□ 5. 기발한 유머 감각을 보여줄 때가 있습니까?

□ 6. 공동체와 어느 정도 거리를 두거나 주변에서 서성이는 편입니까?

□ 7. 사회적인 관습에 신경 쓰지 않는 것처럼 보입니까?

□ 8. 사람들이 자기 사생활에 지나치게 관심을 갖거나 보살펴 주는 것을 싫어하는 편입니까?

위의 질문에 대부분 '예'라고 답했다면, 당신의 자녀는 관찰하는 성향으로 행동하고 있는 것입니다. 그러나 어른이 되었을 때는 다른 유형이 될 수도 있습니다.

관찰하는 성향의 아이는
'호기심'이 강하고 생각이 많으며

혼자서도 즐거운 시간을 보낼 수 있습니다.

부모는 가끔
관찰하는 성향의 자녀가
혼자서도
행복한 시간을
보낼 수 있다는 것을
이해하지 못합니다.
그래서 자녀가
원하지 않는 것을
하라고 할 수도 있습니다.

아이는 부모가 자신의 일에
지나치게 간섭한다고 생각합니다.
그래서 한밤중에 일어나 불편한
자기 속마음을 호소하고 있습니다.

관찰하는 성향의 아이는
자주 위축되곤 합니다.
다투는 것을 보거나
사람들의 관심을 받을 때
더욱 그러합니다.

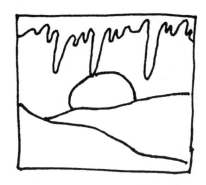

다른 사람보다
더 많이 관찰하고
더 오래 지켜보기 때문에

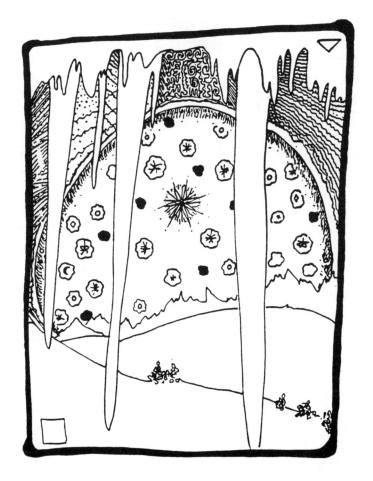

다른 사람이
보지 못한 것을
볼 수 있습니다.

한 아이는
조용하고

사람들이 많은 곳에서는
잘 어울리지 못했으며

사람들 앞에서 말을 할 때는

다리가 후들후들
떨릴 정도였습니다.

그러나 그 아이가 자라서 만든 이론은
아주 유명합니다.

관찰하는 성향의 아이는 보통 사회 관습에 크게 신경 쓰지 않고
사람들과 관계 맺는 것을 어려워합니다.
사람들과 함께 있는 것을 어색해하거나
자신은 그들과 다르다고 느끼기도 합니다.
강요하지 말고 자연스럽게 어울릴 수 있는 분위기를 만들면서
사람들에게 부드럽게 다가가도록 하십시오.

이 성향의 아이는 큰 소리나 불쾌한 소리에 예민하게 반응합니다.

소음 때문에 짜증이 나면 자신이 통제받는다고 생각하고

어떻게든 그 상황을 벗어나려 합니다.

그리고 몇몇은 오래 생각하지 않고도 말을 잘 할 수 있으면 좋겠다고 생각합니다.

여럿이 함께 만나는 것보다 단 둘이 만나는 것을 더 편안해 합니다.

관찰하는 성향의 아이가 열 가지 상황에 대처하는 방식

등교 시간 지키기

관찰하는 성향의 아이는 교실에 늦게 들어가서 친구들에게 주목받는 것이 싫기 때문에 제시간에 학교에 갑니다. 아이는 어떻게 해서든 주목받지 않기 위해 행동합니다.

공부 습관

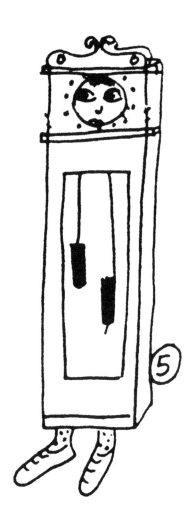

관찰하는 성향의 아이는 새로운 학교로 전학가는 것 같은 변화를 두려워하고 선생님이 무리한 요구를 할까 봐 걱정합니다. 이럴 때는 아이와 함께 전학 갈 학교를 한가로이 거닐면서 학교에 잘 적응하도록 도와주십시오. 학교에 가기 전에 미리 선생님께 인사를 드리는 것도 도움이 됩니다. 교칙을 알려 주거나 같은 반 친구를 소개해 주는 것도 좋습니다. 청소년이 되면 아이들과 어울리기 힘들거나 경쟁적인 학교 분위기가 싫어서, 혹은 원하는 것을 배우지 못한다는 이유로 학교에 가기 싫어 할 수도 있습니다. 이 아이들 중 일부는 공부에만 매달리기보다는 야외 활동에 참여하는 것이 도움이 된다는 것을 경험할 필요가 있습니다.

세상 물정에 어두운 이 성향의 아이들은 활발하고 사교적인 성격을 선호하는 문화에는 잘 맞지 않습니다. 우리 사회는 특정한 사람들만 이해하는 어려운 주제를 이야기하는 사람보다 말끔하게 차려 입은 매력적인 사람이나 강인한 이미지를 지닌 사람을 좋아하기 때문입니다. 관찰하는 성향에 대한 사회적 위상이 높아진 것은 개인용 컴퓨터가 보급된 이후입니다. 마이크로 소프트사의 대표이자 미국 최고의 부자 빌 게이츠가 관찰하는 성향인 5유형으로 이 성향의 위상을 높인 사람입니다. 빌 게이츠는 천재적인 기업가이자 기술자로 직원들이 자유로운 복장으로 일할 수 있는 여건을 마련해 주었습니다.

관찰하는 성향의 아이는 양심적이며 자신이 세운 원칙에 따라 일하기를 좋아합니다. 다른 사람의 지나친 관심이나 사생활 침해를 좋아하지 않기 때문에 도와주는 유형의 부모나 교사와 원만한 관계를 맺기 어려울 수 있습니다. 이때는 2유형의 화살이면서 아이의 날개인 4유형의 특징을 보여주면 좋습니다. 만약 그 아이가 6유형의 날개에 강한 영향을 받고 있으면, 냉소적인 유머를 사용할 수도 있습니다. 당신의 유형과 관계없이 관찰하는 성향의 아이에게 공부하라고 말할 때는 반드시 객관적이고 간결하게 하는 것이 좋습니다.

예의범절

관찰하는 성향에 속하는 아이들의 대부분은 말썽 피우기를 원하지 않습니다. 사회 관습을 무조건 따르기 전에 왜 따라야 하는지 궁금해 합니다. '지금까지 이렇게 해 왔으니까' 라는 말은 아이에게 통하지 않습니다. 그래서 가끔 친척들이 모인 자리에서도 혼자 있고 싶어 합니다. 명절 가족모임에서 아이가 친척들과 어울리지 않고 혼자 책을 읽는다면 그것은 단순히 아이의 성향 때문입니다.

친구 사귀기

관찰하는 성향의 아이는 모임에 속하기보다는 주변에 머물면서 사람들을 관찰하기를 좋아합니다. 그러나 정작 모임에 들어가 사람들과 어울리다 보면 생각했던 것과는 다르다는 것을 깨닫고 놀라곤 합니다. 아이는 외향적인 성격을 선호하는 우리 문화 속에서 위축될 수 있기 때문에 자신감을 심어주는 것이 무척 중요합니다. 이러한 점을 부모가 잘 인식하고 세심하게 보살펴주면 아이의 자신감을 놀라울 정도로 높힐 수 있습니다.

아무리 내성적인 사람이라도
적어도 한 명의 친구는 필요합니다.

관찰하는 성향의 아이는 친구들을 많이 사귀거나 모임에 참석하는 것을 좋아하지 않기에 외향적인 부모는 아이가 인간관계의 즐거움을 알지 못한다고 생각할 수도 있습니다.

아이가 속한 모임의 아이들을 당신도 좋아한다는 것을 알려주지만 그들과 어울리라고 강요하지는 마십시오. 당신이 아이를 이해한다는 것을 보여주어야 합니다. 아이와 잘 어울릴만한 친구들을 만나게 해 주고 사람들과의 관계가 두렵지 않다는 것을 경험하도록 도와주십시오. 단순히 노는 모임보다 아이가 좋아하는 주제를 다루는 작은 모임에 참여하는 것이 좋습니다.

관찰하는 성향의 아이는 자기에게 없는 것을 갖고 있다고 허세를 부리지 않습니다. 무리하게 경쟁하거나 다른 사람에게 잘 보이려 애쓰지 않고, 사람들 앞에 함부로 나서려고 하지 않는 아이의 성향을 강점으로 생각하십시오.

활동

관찰하는 성향의 아이는 호기심이 많고 무엇이든 배우려고 합니다. 그러나 자기가 이룬 성과를 떠벌리지는 않습니다. 아이의 내성적인 면을 받아들이십시오. 아이는 경력을 쌓기 위해 회장선거에 출마하는 일 따위는 관심이 없다는 것을 이해해 주십시오.

잠버릇과 식습관

관찰하는 성향의 아이는 사생활을 매우 중요하게 생각합니다. 누구의 방해도 받지 않고 밤늦은 시간까지 혼자 있을 때 아이는 말할 수 없는 자유를 경험합니다. 머리형의 아이들은 두려움이나 초조함, 공포에 민감하고 신경이 예민한 경우가 많습니다.

아이가 혼자 식사하기를 원하면 주방에 영양가 있는 음식을 준비해 두고, 간단한 먹을거리를 만드는 법을 가르쳐 주십시오. 하지만 적어도 하루에 한 번은 가족과 함께 식사하도록 하는 것이 좋습니다. 가능한 먹고 자는 문제는 갈등이 생기지 않도록 아이에게 자유를 주십시오.

자기주장

관찰하는 성향의 아이들 가운데 일부는 자신의 입장을 변론하는 능력이 뛰어나며, 대부분의 주제에 대해 논쟁할 수 있습니다. 몇몇은 불화를 피하기 위해 다른 사람의 의견을 받아들이거나 목공예 같은 말 없이 할 수 있는 일에 집중합니다. 또는 조용히 그 자리를 피하기도 합니다. 아이는 안전을 원하고 사람들이 자신을 지지하고 있다는 느낌을 필요로 하며, 자신에게 위압적인 사람은 신뢰하지 않습니다.

관찰하는 성향인 준호는 가끔 아버지에게 정당하게 맞설 때가 있습니다. 한 번은 준호가 친구와 함께 창고 문에 찰흙덩이를 던지는 놀이를 하고 있었습니다. 그 때 준호 아버지가 여기는 전셋집이라 더럽히면 안 되니까 그만 하라고 하셨습니다. 준호는 이 상황을 충분히 이해했고 문제가 해결되었다고 생각했습니다. 그런데 준호 아버지가 거기에서 멈추지 않고 준호의 엉덩이를 한 대 때렸습니다. 그러자 준호는 체벌까지 할 만한 문제는 아니었다고 격분하며 아버지의 잘못에 대해 이야기했습니다. 그 일 이후로 아버지는 더 이상 준호를 때리지 않았습니다.

의사결정

나는 최대한 단순하게 삽니다.
하루 종일 일하고, 요리하고, 먹고, 마시고, 씻고, 전화하고, 글 쓰고, 저녁에는 텔레비전을 봅니다.
외출은 거의 하지 않습니다.
사람들은 다 저마다의 방식으로 살아갑니다.
어떤 사람들은 일을 많이 하면서 보냅니다.
올해는 미국 캘리포니아에서, 내년에는 일본에서 보내고 싶어 합니다.
내게는 나만의 방식이 있습니다.
1년 365일을 올해도 내년에도 계속 같은 일을 반복하며 사는 것입니다.
특별히 어떻게 사는 게 더 좋다고 말하기는 어렵겠지만요.
— 필립 라르킨

관찰하는 성향의 아이는 다양한 의견을 갖고 있지만 다른 아이들처럼 빨리 결정하지 못합니다. 레스토랑에서 음식을 주문하는 것도 쉽지 않습니다. 나는 어린 시절에 레스토랑에 가면 늘 새롭고 맛있는 음식을 먹고 싶었지만 웨이터가 서서 기다리는 바람에 마음이 급해져서 메뉴를 충분히 고르지 못하고 늘 먹던 음식을 시켰습니다. 실제로 대부분의 관찰하는 성향의 아이들은 자신이 같은 것을 선택할 것이라는 사실을 이미 '알고' 있는 것에 위안을 받습니다. 의사결정 훈련을 위해 자녀를 하루에 두 번씩 아이스크림 가게로 데려가 세 종류의 아이스크림을 골라서 주문하도록 하십시오. (물론 농담입니다.)

정서적 성숙

관찰하는 성향의 아이는 분노나 부정적인 생각을 쉽게 드러내지 않고 마음에 담아두곤 합니다. 스카우트 활동이나 미술, 음악, 운동이나 춤같이 자발적으로 할 수 있는 신체 활동을 통해 무언가를 행동에 옮기는 훈련을 하도록 도와주십시오. 아이의 말을 경청함으로써 아이가 스스로 자신의 감정을 알아차릴 수 있도록 도와주십시오. 이때 충고하거나 지나치게 간섭하는 것은 도움이 되지 않습니다.

자녀의 의견을 인정하고 지지해 줌으로써 아이가 자기 세계에 갇히지 않도록 도와주십시오. 아이는 자신이 사람들과 뭔가 다르고 가끔 구경꾼처럼 소외되어 있다고 생각합니다. 때로는 자신에게 뭔가 잘못이 있다고 생각하기도 합니다. 어떤 아이는 오랫동안 가만히 있으면 사람들이 자신의 존재를 눈치채지 못할 거라고 생각하기도 하며 실제로 그렇게 되기를 바라기도 합니다. 그러나 "너는 정말 관찰을 잘 하는구나. 너의 해석이 우리에게는 가치가 있다." 라고 말해주십시오. 그러면 아이는 공동체 안에서의 자신이 맡고 있는 역할을 알게 되며, 이 사실에 고마워 할 것입니다.

책임감

관찰하는 성향의 아이는 양심적이고 공정하며 책임감이 있습니다. 규칙적으로 하는 일을 아이와 함께 계획할 때는 먼저 당신이 원하는 것을 이야기하고 어느 정도 시간 여유를 주십시오. 그리고 아이가 그 일을 하지 않으면 잔소리를 하거나 꾸중을 하기보다는 그 일을 하기로 약속한 사실을 상기시켜주십시오. 그것으로 충분합니다.

관찰하는 성향이면서 내성적인 아이는 외향적인 부모에게는 (때로 내성적인 부모에게도) 이해하기 어려운 존재입니다. 아이는 자신의 생각보다 부모나 학교, 사회의 가치관과 현실을 더 타당한 것으로 받아들이기 힘들어 합니다. 그래서 상처 받거나 분노하고 소외감을 느끼기도 합니다. 경우에 따라서는 아무도 필요 없다고 자신을 설득하면서 스스로를 고립시킬 수도 있습니다.

관찰하는 성향의 아이를 이해하려면 아이의 유머 감각을 따라가려고 노력하십시오. 그리고 아이와 함께 웃는 법을 배우십시오. 음악이나 영화, 아이가 좋아하는 작가에게 더 많은 관심을 가지십시오. 사람들과 관계를 맺도록 아이를 조종하는 것보다 아이의 세계에 진심으로 관심을 가지는 것이 중요합니다.

6
충성하는 성향

자녀에 대한 질문

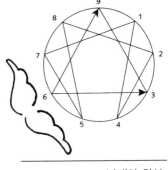

날개와 화살

당신의 자녀는

□ 1. 안전에 대해 유난히 걱정하는 편입니까?

□ 2. 가끔 극단적으로 행동하거나 예측하기 어려운 모순된 반응을 보일 때가 있습니까?

□ 3. 예민하거나 우울하거나 분노하거나 또는 웃기거나 진지해지는 식으로 기분이 자주 바뀌는 편입니까?

□ 4. 모든 사람의 반대편에 서서 논쟁하기를 좋아합니까?

□ 5. 자주 무서워하고 미심쩍어하며 불안해합니까? 아니면 지나치게 공격적으로 행동하여 불안한 감정을 숨기려고 합니까?

□ 6. 사람들을 즐겁고 기쁘게 해 주려고 하거나, 호감을 사려고 노력합니까?

□ 7. 빠르게 혹은 다소 더듬거리면서 이야기할 때가 있습니까?

□ 8. 고통 받는 사람들에 대한 연민의 마음을 갖고 있습니까?

위의 질문에 대부분 '예'라고 답했다면, 당신의 자녀는 충성하는 성향으로 행동하고 있는 것입니다. 그러나 어른이 되었을 때는 다른 유형이 될 수도 있습니다.

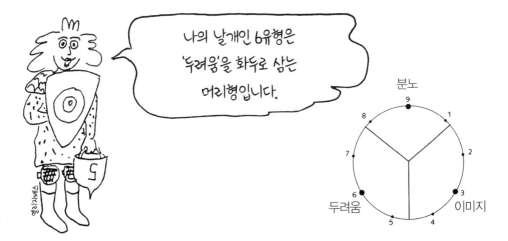

충성하는 성향의 아이는
수줍어하고
두려움이 많은 것처럼 보일 수도 있고,
공격적이고
두려움이 없는 것처럼 보이기도 합니다.
두 가지 모습 모두
'안전'을 원하는 욕구에서
나오는 것입니다.

아이는 다른 사람을
책임감 있게 돌봅니다.

**아이는 자신과 다른 사람들에게
충성스러운 모습을 보이려
노력합니다.**

아이는 갈등을 해결하기 위해 다른 사람과 연합하는 것을 좋아합니다.

어떤 일에 대해 꼼꼼하게 알아보는 것은 중요합니다.
아이는 가끔 생각하고 걱정하는 과정에 몰두한 나머지
쉽게 결정을 내리지 못할 때가 있고
위험에 민감하고, 사소한 일에도 쉽게 당황합니다.

그러나 어떤 아이는 강하고 용감하며 성미가 급하고
권위에 저항하거나 반항적일 수도 있습니다.

아이는 모든 것이 걱정되기 때문에

항상 대비책을 마련합니다.

중성하는 성향의 물고기들이 안전하게 스노클링을 하고 있습니다.

아이는 아부를 싫어하고

충성하는 성향의 태호는
자기가 멋지기 때문에
고양이가 자신을 좋아한다고
생각했습니다.
그러나 자기가 주는
먹이 때문임을 알고 나서는…….

진실하고 선하며 아름다운 것을 좋아합니다.
미지의 것을 두려워하거나
자신을 이끌어 줄 누군가의 필요를 느끼기도 합니다.
비관적이거나 피해망상에 빠지기도 합니다.

너희들 모두 글러먹었어!
날 따라오지마.

충성하는 성향의 아이는 예측 가능한 것과 질서를 좋아합니다.
그러나 자신의 모습은 변화무쌍하게 바꿀 수도 있습니다.

지휘자

끝에서 끝을
오갈 수도 있습니다.

아이는 무언가를 결정하는 데 어려움을 겪습니다.

아이는 일이 잘못될 수 있는 모든 가능성을
따져 보고 나서야 마음을 정할 수 있습니다.

충성하는 성향의 아이는 누가 권위 있는 사람인지 알고 싶어 합니다.

앞장서고 싶으면서도 잘 할 수 있을지 걱정이 많습니다.

부모는 새로운 상황에 대처하는 아이의 능력을 믿고 조용하게 지켜보면서

신뢰를 보여 줄 때 아이의 자신감이 커집니다.

충성하는 성향의 아이가 열 가지 상황에 대처하는 방식

충성하는 성향의 아이는 다른 어떤 성향의 아이보다도 다양한 모습을 갖고 있기 때문에 그 면면을 정확하게 파악하기 어렵습니다. 대부분의 아이가 마음에 의심과 두려움을 갖고 있지만, 어떤 아이는 거친 행동으로 두려움을 감추려고 합니다.

등교 시간 지키기

충성하는 성향의 아이는 안정감을 느끼기 위해서 모든 일에 바르게 생활합니다. 어떤 옷을 입을까, 준비물은 제대로 챙겼는가에 대해 걱정하고 불안해할 수 있으므로 전날 밤에 미리 입을 옷과 준비물을 챙기도록 해주십시오. 아이가 어릴 때에는 등교 시간을 맞춰야 한다고 부담을 지나치게 주지 않는 것이 좋습니다.

공부 습관

충성하는 성향의 아이는 배우는 것을 좋아합니다. 학교생활에 충실하고 자신을 보호해주는 선생님을 기쁘게 해 드리려고 노력합니다. 7유형 날개를 강하게 사용하는 아이의 경우, 일이 한 번에 정확하게 처리되기를 바라면서도 계획하고 조사하고 초안을 작성하는 기초 작업을

공부 할 거야.
공부 걱정부터 해야지.
공부 할 거야.
공부 걱정부터 해야지.

소홀할 수 있습니다. 학교에서 오자마자 숙제하는 습관을 들이도록 하면 아이의 걱정과 불안을 덜어줄 수 있습니다.

예의범절

충성하는 성향의 아이는 '공포 순응 유형'과 '공포 대항 유형'으로 나눕니다. 공포에 순응하는 아이는 예의 바르고 순종적인 반면, 공포에 대항하는 아이는 선생님이 뒤로 돌아서 계실 때 친구들을 놀리거나 쿡 찌르거나 소리를 지르는 식으로 사람들을 시험하거나 놀라게 할 수 있습니다. 이때는 그 상황을 대충 웃어 넘기거나 무시하거나 야단치기보다는 잘못된 행동을 명확하게 지적하는 것이 좋습니다.

친구 사귀기

충성하는 성향의 아이는 사람들을 비롯해서 주위 환경을 통제하고 싶어 합니다. 고집을 부리거나 버럭 화를 내기도 하고 사람들을 즐겁게 해 주거나 환심을 얻으려 하기도 합니다. 부모는 아이에게 한결같고 믿을 만한 사람이 되어야 합니다. 아이의 생활에 보다 견고한 틀을 잡아주면  아이가 다른 사람을 신뢰하는 데 도움이 됩니다. 아이가 갑자기 화를 내어 사람들을 놀라게 할 때는 과민 반응을 보이거나 맞서 싸우기보다는 스스로 화를 가라앉힐 때까지 차분히 기다리는 것이 좋습니다.

   충성하는 성향의 은이는 혼자 숨어서 책 읽는 것을 좋아했습니다. 외향적인 동생 민수는 누나가 누군가 같이 놀아주기를 원할 거라는 생각에 누나를 찾아다녔습니다. 은이는 화를 내고 겁을 주며 쫓아내서 민수는 충격을 받았습니다. 먼 훗날 어른이 되어 에니어그램을 배운 민수는 누나와 함께 서로의 성격 차이에 대해 이야기를 나눴습니다. 은이는 그 때 자신은 책 읽기에 빠져 있었고 민수가 갑자기 다가올 때마다 침범당하는 느낌이었다고 설명했습니다. 누나를 이해하려고 노력하는 민수에게 고마워했습니다. 그 후 남매는 급속도로 사이가 좋아졌습니다.

잠버릇과 식습관

충성하는 성향의 아이가 불안해서 잠자리에 들지 못하거나 한밤중에 일어나면 부모는 아이가 안심하도록 도와주어야 합니다. 그러나 잠들 때까지 함께 누워있겠다고 말하지는 마십시오. 중간에 부모가 아이 곁을 떠난 것을 알면 다시 불안해질 수 있기 때문입니다. 불을 켜고 자도록 하거나 안아주며 왜 불안해 하는지에 대해 이야기를 나누어 보십시오. 불안을 조절하고 이겨내는 자신만의 방법을 찾도록 도와주십시오.

아이는 어떤 음식을 먹어야 하고, 먹지 말아야 하는지, 먹은 음식 때문에 잘못되지 않을지 걱정하고 불안해합니다. 음식을 먹도록 강요하거나 유인하지 말고 아이가 안심하고 먹을 수 있도록 항상 건강에 좋은 음식을 준비하십시오. 식사하는 동안 여러 가지 이유로 어수선할 수도 있지만, 아이를 위해 차분하고 즐거운 분위기를 만들려고 노력하십시오. 아이가 식탁에서 소란을 피우면 어른 옆에 앉히거나, 필요하다면 나중에 먹도록 하는 것도 좋습니다.

자기주장

충성하는 성향의 아이는 흔히 지성이나 유머를 사용하여 자신을 방어합니다. 어떤 아이는 맹목적으로 화를 내어 사람들로 하여금 겁을 먹고 도망가도록 만듭니다. 이는 바람직하지 않으므로 분노를 표현하는 적절한 방법을 가르쳐야 합니다.

아이는 남에게 공격당할까 봐 걱정하기 때문에, 태권도 같은 신체적으로 자신감을 가질 수 있는 운동을 권하는 것이 좋습니다. 운동을 할 때에도 공포에 대항하는 아이는 즐겁게 임하는 반면에 공포에 순응하는 아이는 자신감이 없고 운동하다가 다치는 것을 두려워하므로 특별한 격려를 해 주어야 합니다. 집에서 부모가 아이의 말을 경청해주면 밖에서도 의견을 편안하게 표현할 수 있습니다. 아이에게 의견을 말할 기회를 많이 주는 선생님을 만나면 좋습니다.

의사결정

충성하는 성향의 아이는 결과에 대한 확신을 원하기 때문에 의사결정에 어려움이 있으며, 의사결정 과정 또한 더디게 진행됩니다. 아이는 문제와 관련된 모든 것을 걱정하고 자신의 결정이 어떤 결과를 가져올지에 대해 두려워합니다. 문제 해결 과정에서 걱정에 휩싸이게 되면 해결방법을 찾는 것이 어려워집니다. 스스로 할 수 있다는 자신감을 확인시켜서 안정감을 주십시오. 아이가 침착함을 되찾으면서 결정을 내리고 행동할 수 있습니다.

활동

충성하는 성향의 아이는 에너지가 많지만 때로 집에서 빈둥댈 수도 있습니다. 아이가 텔레비전이나 컴퓨터에만 매달려 지낸다면 엄하게 제한하거나 금지하고 다른 활동을 하도록 도와주십시오. 아이는 전형적으로 미지의 세계를 두려워하거나 혼란스러워하며 부정적인 반응을 보입니다. 부모가 새로운 상황에 잘 적응하도록 차근차근 도와주면 그 순간에는 힘들어하더라도 나중에는 고맙게 생각할 것입니다.

정서적 성숙

1. 보고
2. 냄새 맡고, 킁킁
3. 핥아보고
4. 깨물어보기

충성하는 성향의 아이는 자신을 사로잡고 있는 불안 때문에 정서적으로 늦게 성숙할 수 있습니다. 새로운 것을 소개할 때는 아이가 놀라지 않도록 조금씩 알려 주십시오. 다른 아이들이 친구들과 어울리고 새로운 기술을 배울 때, 아이는 자신을 보호하거나 상대방에게 자신이 거칠고 용감하다는 것을 증명하려고 노력할 수 있습니다.

부모는 아이가 안정감을 느끼는 상황을 살펴보고 그런 조건을 만들어주려고 노력해야 합니다. 아이가 부모를 신뢰하면 이를 바탕으로 다른 사람을 신뢰하게 됩니다. 있는 그대로 솔직하게 대하면서 아이가 뭐든지 잘못될 가능성을 먼저 생각하지 않도록 조심해야 합니다. 아이가 안정감을 느끼도록 질문에 답해주고, 스스로 불확실한 삶에 적응하는 방법을 찾도록 자유를 충분히 주십시오. 자유는 아이의 독립심을 키우지만 어떤 아이는 이로 인해 불안과 애정 결핍을 느낄 수도 있습니다. 따라서 자유를 주되 체계적인 환경을 제공하고 경계를 명확히 정해야 합니다.

충성하는 성향인 아기 고양이의 엄마는 인내심과 이해심이 많은 9유형입니다. 9유형은 6유형의 화살 유형입니다. 엄마 고양이는 아기 고양이를 지지해 주고, 겁먹지 않도록 도와주며, 예민한 아기 고양이의 성격을 고려해서 차분한 성격의 친구를 만들어 주려고 노력합니다. 아기 고양이가 변덕을 부려도 엄마 고양이는 중심을 잡고 균형을 잃지 않으려고 노력합니다.

책임감

충성하는 성향의 아이는 신중하고 양심적이며 대체로 책임감이 강합니다. 아이가 책임을 다하는 모습은 부모의 인정을 받는 이유이고, 사람들에게 자신이 신뢰할 만한 사람이라는 것을 증명하는 방법입니다. 아이의 자존감과 자신감을 키워주어 자신의 내적 권위를 신뢰하도록 도와주십시오. 아이를 지지해주고 안심시키면서 과잉보호는 하지 마십시오. 아이의 변덕과 수시로 변하는 기분, 시험하려는 행동에도 중심을 지키며 차분하게 대응하십시오. 부모가 아이를 새로운 상황으로 잘 인도한다면 아이에게 놀라운 변화가 일어날 수 있습니다. 아이는 자신의 두려움과 비관적인 예상이 들어맞지 않는다는 것을 경험하면 안정을 찾고 자신감을 갖게 됩니다.

7
모험적인 성향

자녀에 대한 질문

당신의 자녀는

날개와 화살

□ 1. 대부분 기분 좋게 잠들고 기분 좋게
   일어나는 편입니까?

□ 2. 마음에 드는 물건이 있으면 어떻게든
   가지려고 합니까?

□ 3. 눈에 띄는 사람이 되고 싶어 합니까?

□ 4. 재미있는 사람이 방문하는 것을 좋아합니까?

□ 5. 명랑한 성격으로 인해 다른 사람들도 덩달아 웃게 만드는 경우가 많습니까?

□ 6. 친구가 많은 편입니까?

□ 7. 호기심이 많고 무엇이든 알고자 하는 열의를 보입니까?

□ 8. 이야기하기를 좋아하거나 우스갯소리를 잘 하는 편입니까?

위의 질문에 대부분 '예'라고 답했다면, 당신의 자녀는 모험적인 성향으로 행동하고 있는 것입니다. 그러나 어른이 되었을 때는 다른 유형이 될 수도 있습니다.

야호! 나의 화살 유형인 7유형은 내게 즐거움을 준답니다.

머리형인
5, 6, 7유형의
화두는
'두려움'입니다.
5유형은 이를
내면에 숨기고 있고,
6유형은
이를 내보이는 반면,
7유형은
이를 부정합니다.

모험적인 성향의 아이는
노는 것을 좋아하며

친구들과 '재미있는 시간'을 보내는 것도 즐거워합니다.

모험적인 성향의 아이는
하고 싶은 일이 수없이 많고

한 자리에 가만히 앉아있기는 힘듭니다.
새로운 재미를 찾아 계속 움직여야 하니까요.

구속받기를 원치 않습니다.

원하는 것이 있으면 어떻게든 어른들을 설득해서 얻어내고야 맙니다.
진짜 원하는 것은 절대로 포기하지 않습니다.

애완동물을 갖고 싶다고
100번이나 말한 건 나도 알아요.
하지만 이번엔 진짜라고요!

모험적인 성향의 아이는 이상주의자이며
세상의 모든 것들을 즐기고
스스로를 멋진 사람이라고 생각합니다.

참 풍요로운 세상이야!

모험적인 성향의 아이가
자신의 화살인
관찰하는 성향, 개혁하는 성향의
친구들과 생일 파티를 하면,
이런 일이 일어납니다.

모험적인 성향의 아이는 사람들이 자신을 지지해주고
응원하고 있다고 느끼기 때문에 눈부신 연기를 보여줍니다.

아이의 생각은 끝없이 움직입니다.
어른들은 진득하지 못하다고 비판할 수 있지만,
아이는 경험과 호기심을 통해 상당한 양의 지식을 습득합니다.
아이는 다재다능하고 높은 이상을 추구합니다.
아이의 재능과 열정,
특히 삶을 즐기는 모습을 발견하고 인정해주는 것이 중요합니다.

모험적인 성향의 아이가 열 가지 상황에 대처하는 방식

등교 시간 지키기

모험적인 성향의 아이는 학교에 지각하게 되면 어떤 방법을 써서라도 지각 명단에서 빠지려고 할 것이고 대부분 성공합니다. 공부를 잘 하는 희선이는 수업시간에도 늘 떠들어서 선생님께 지적을 받았습니다. 선생님은 가정통신문에 적어 보내면서 부모님 사인을 받아오라고 하셨습니다. 희선이는 언제나 그랬듯이 재치 있게 둘러댔고, 아버지는 무슨 내용인지도 모르고 사인해 주었습니다.

공부 습관

모험적인 성향의 아이에게는 교사가 재미있게 가르치고 교실을 돌아다니면서 한 사람, 한 사람에게 관심을 쏟는 것이 중요합니다. 아이에게는 다양한 경험을 제공해주고 자신이 원하는 것을 선택하도록 하는 것이 바람직합니다.

이 성향의 대부분 아이들은 집중할 수 있는 시간이 짧으며 자세히 살펴보지 않은 채 다음 과제로 넘어가는 경우가 많습니다. 한 번에 과제를 다 완성하도록 하는 것보다는 두 번에 나눠서 하는 것이 효과적입니다. 때로 혼자하는 것보다 친구와 같이 공부할 때 더 많이 배우기도 합니다.

아이도 어른이 되면 진지해지고 어떤 일을 제대로 처리하고 싶어 합니다. 날개와 화살 유형은 성격 형성에 지대한 영향을 끼칩니다. 8유형 날개는 아이에게 단호함과 강인함을 주고, 6유형 날개는 아이로 하여금 미래에 대해 고민하게 합니다. 1유형 화살로 인해 아이는 자기 훈련을 잘 하고 생산적인 사람이 될 수 있으며, 5유형 화살로 인해 한 가지 일에 전념할 수 있습니다.

대다수의 모험적인 성향의 아이는 문제 해결 능력이 뛰어납니다. 그래서 이러한 재능을 살려 실생활에 바로 적용할 수 있는 것들을 배우고 싶어 하고 꾀도 참 많습니다. 부모와 교사는 아이를 일관성 있게 대하되 아이의 성향을 지지하면서 유연하게 다룰 필요가 있습니다.

명선이는 아버지와 같이 책을 읽을 때면 가만히 있지 못하고 꼼지락거렸습니다. 어느 날 기발한 생각이 떠올라 아버지에게 함께 책을 읽는 장소를 번갈아가며 선택하자고 제안했습니다. 아버지는 제안을 받아들여 지붕 위나 나무 위에서 공부하거나, 피아노 밑에 들어가 책을 읽었습니다. 이렇게 하자 명선이는 책 읽기에 흥미를 갖고 그 시간을 기다리게 되었습니다. 곧 책 읽기를 긍정적이고 편안하게 생각하게 되었고, 독서능력도 놀랍게 향상되었습니다.

친구 사귀기

나는 개미 세계에 사는 베짱이 같다는 느낌을 받습니다. – 노리스 라일

모험적인 성향의 아이는 대부분 자유로운 영혼의 소유자입니다. 악의가 없지만 친구들에게 장난을 치거나 친구들을 건드리고 귀찮게 할 수 있습니다. 그러나 8유형 날개를 강하게 사용하지 않는 한 친구관계에서 큰 문제가 되지는 않습니다. 아이는 속상한 일도 쉽게 극복하는 반면, 고통을 피하고 문제를 간과하는 경향이 있습니다. 아이는 상상력과 재치가 있어 사람들을 끊임없이 즐겁게 해 주며, 그의 이야기에는 사람들을 끌어 모으는 힘이 있습니다.

예의범절

모험적인 성향의 아이는 인생을 어떻게 하면 재미있게 살수 있을까에 관심이 많습니다. 그래서 가끔 예의 없이 행동해 사람들을 곤란하게 만듭니다. 아이는 친구들에게 장난을 치거나 친구들을 놀리는 것을 좋아하고, 눈에 띄기를 원합니다. 내가 아는 모험적인 성향의 아이는 마음이 약해보이는 교사들을 놀리는 것을 좋아하며, 교사가 깜짝 놀라는 것을 보며 자신이 대단한 사람이 된 것 같은 느낌을 받는다고 합니다. 어떤 아이는 기다리지 못하고 짜증을 내거나 깜짝 놀라게 하거나, 말을 너무 많이 해서 사람들을 힘들게 할 수도 있습니다.

호기심이 많은 준서는 물주머니를 떨어뜨리는 것을 좋아합니다. 가끔 그 물주머니는 지나가는 사람 머리 위에도 떨어집니다. 아주 '우연히' 말입니다.

모험적인 성향의 아이에게는 예의범절을 가르치고, 솔직하고 떳떳하게 행동하도록 격려하십시오. 아이가 무례하게 행동하는 것을 원하지 않는다고 차분하고 단호하면서도 분명히 말해 주십시오.

아이는 매우 활동적이어서 선반 위에 있는 물건을 다 끌어내리려고 할 것입니다. 눈길을 끄는 물건이 많은 복잡한 장소에서 아이에게 조용히 있으라고 하는 것은 부모와 아이 모두에게 괴로운 일입니다. 아이와는 분위기 있는 레스토랑에서 식사하려 하기보다는 별도의 놀이 공간이 있거나 놀이감을 가지고 음식점에 가는 편이 훨씬 좋습니다.

잠버릇과 식습관

모험적인 성향의 아이는 어른들의 지시를 받는 것은 좋아하지 않지만 어른들과 개인적인 관계를 맺는 것은 중요하게 생각합니다. 아이는 자유를 위해 몸부림치지만 막상 지나치게 자유를 주면 오히려 무시당한다고 생각합니다.

아이는 활동적이어서 저녁이 되면 지쳐버리지만 재미있는 것이 있으면 곧 생기를 되찾습니다. 잠자리에서 조용하고 차분한 (그러나 따분하지는 않은) 이야기를 들려주십시오. 잠자리를 준비하는 과정과 일종의 의식을 즐길 수 있도록 도와주십시오. 모험적인 성향인 내 아들은 먹는데 많은 시간을 쓰는 것을 좋아하지 않았지만, 어떤 아이는 새롭고 신기한 음식을 먹는 경험을 좋아합니다.

자기주장

모험적인 성향의 아이는 심각한 대치상황에 처하는 것을 피하고 싶어 합니다. 8유형 날개를 강하게 사용하지 않는 한, 애교를 부리거나 예상치 못한 유머를 사용하거나 핵심을 비껴 가는 방법을 동원하여 영리하게 싸울 것입니다. 궁지에 몰리면 자신의 상황을 합리화시키기 위해 태연하게 핑계를 댈 수도 있습니다.

의사결정

인생에서 중대한 선택의 기로에 놓이게 될 때에는,
둘 중 하나를 선택할 수밖에 없다는 사실을 받아들이라.
– 요기 베라

모험적인 성향의 아이는 결정을 쉽게 내리지 못합니다. 무엇을 결정하려고 하면 어딘가 매이고 싶은 감정과 자유를 원하는 감정 사이에서 혼란에 빠집니다. 아이는 새로운 아이디어가 좋다고 말하면서도 선택의 폭이 좁아지지는 않을까 두려워합니다. 어떤 일을 단번에 결정한 후에 "내가 무슨 일을 한 거지?" 하면서 고민에 빠지기도 합니다.

활동

모험적인 성향의 아이는 대체로 호기심이 많고 의욕이 넘칩니다. 아이는 날마다 하루 일정을 꽉 채워놓지만, 이에 얽매일 필요는 없다고 생각합니다.

화창한 여름 날, 8살 아이가 씽씽이를 타고 울퉁불퉁하지만 멋진 인생의 도로를 달리고 있습니다.

정서적 성숙

모험적인 성향의 아이는 자신감이 넘쳐 보입니다. 하지만 자신이 얼마나 상처 받으며 불안해하는지 잘 드러내지 않기 때문에, 부모는 꾸준히 관심을 갖고 아이를 지혜롭게 대해야 합니다. 아이는 속상한 일이 있어도 당신에게 털어놓지 않을 수 있습니다. 부모의 반응이 두렵고 아이 자신도 그 문제로 영향을 받지 않으려 노력하고 있기 때문입니다. 그러나 그대로 놔두면 상처가 곪아 터질 수도 있습니다. 지나친 낙관주의는 고통을 극복하는 방법을 배우지 못한다는 단점이 있습니다.

내가 아는 7유형 사람은 어릴 적부터 모임이나 행사, 토론에서 빠지는 법이 없었답니다. 그는 남들에게 자신이 재밌는 일을 꾸밀 수 있다는 확신을 주기 위해 자신의 생일파티를 직접 준비하고, 엄청난 음식을 준비하여 사람들을 초대합니다.

모험적인 성향 가운데 어떤 아이는 자기 마음대로 하기 위해 슬쩍 거짓말을 할 수도 있습니다. 특히 윗사람에게 그럴 수 있으며, 부모님이 지나치게 엄격하다면 더욱 그렇습니다. 열다섯 살 은선이는 여름방학에 집을 떠나 자유롭게 보내고 싶어 스무 살이라고 속이고 여름 캠프 봉사자로 등록했습니다. 자신은 수영도 잘하고 포크댄스도 가르칠 수 있으며 기타도 잘 친다고 자신 있게 말해서 봉사자로 합격한 후, 이 모든 것을 재빨리 배워 그 해 최고의 인기 봉사자가 되었습니다.

모험적인 성향의 아이는 자신이 통제할 수 있는 범위 이상의 자유를 요구할 수 있습니다. 어떤 아이는 어린 나이에 집을 떠나 독립하여 미숙한 어른이 될 위험을 감수하기도 합니다. 이때는 안 좋은 일이 일어날 가능성을 지적하기보다는 긍정적인 방향을 찾도록 도와주는 것이 좋습니다. 아이가 새롭게 관심을 두는 분야를 지원해주고, 이를 충분히 자기 것으로 만들도록 지속적으로 격려하십시오. 그리고 경험을 통해 아이가 자신에게 맞는 길을 찾을 것이라고 믿어주십시오. 배움과 삶에 대한 아이의 열정을 존중하십시오. 아이의 모험심이 당신의 삶을 유쾌하게 만들 수 있다는 사실을 기억하십시오.

모험적인 성향의 아이는 분주해서 약속 시간에 늦게 도착할 수 있습니다. 때로는 약속 시간보다 일찍 도착하기도 하는데, 새로운 일이 시작된다는 사실에 흥분하거나 약속 시간에 늦게 가서 생길 법한 귀찮은 문제를 피하고 싶어 합니다. 아이는 자발적으로 일하는 것을 좋아하지만 설거지 같은 일상적인 일이나 변화가 없고 활기차지 않은 일에는 흥미를 느끼지 못합니다. 모든 아이가 그렇지만 특히 모험적인 성향의 아이에게는 자율적이고 자부심을 느낄 수 있는 일을 맡기는 것이 좋습니다. 일상적인 집안일을 열심히 할 때까지 점진적으로 새로운 책임을 주십시오. 이런저런 일들을 번갈아 맡기면 아이의 흥미를 유지하는 데 도움이 될 것입니다.

모험적인 성향의 아이 대부분은 세상을 더 멋지게 변화시켜야 한다는 사명감을 가지고 있습니다. 올바른 사회를 만들기 위한 일에 앞장서며 이 일에 동참하도록 친구들을 설득합니다. 부모는 모험적인 성향의 아이가 부모의 기대대로 움직여주지 않아 감당이 안 된다고 힘들어할 수도 있습니다. 특히 1유형의 부모나 교사는 아이가 진지하지 못하고 집중력이 없어 장차 자기 인생을 제대로 꾸려갈 수 있을지 모르겠다고 걱정할 수 있습니다. 그래서 이 성향의 아이는 1유형의 어른들에게 늘 비판받는다고 느낍니다. 아이의 재능에 집중하고 아이를 격려하며 유연하게 이끌어주십시오. 아이 안에 있는 타고난 자신감을 믿어주십시오. 그러면 아이는 아름답게 자신의 꽃을 피울 것입니다.

부록

에니어그램을 통해 본 아홉 가지 부모 성향

다음 글을 읽고 당신은 어떤 성향의 부모인지 생각해 보세요.

1유형 – 개혁하는 성향의 부모

개혁하는 성향의 부모는 단호하고 체계적이어서 아이에게 안정감을 주지만 어떤 부모는 보다 유연성을 발휘할 필요가 있습니다. 어린 시절 안정된 환경에서 자라지 못한 것을 힘들어 하는 1유형의 부모는, 자신이 그랬던 것처럼 아이도 퇴근 시간이 들쑥날쑥한 자신 때문에 힘들어할까 봐 걱정이 많습니다. 그러나 아이는 엄마와 달리 매일의 변화를 즐길 수도 있습니다. 개혁하는 성향의 부모 밑에서 자란 아이들은 어른이 된 후 부모님을 신뢰할 수 있었다는 사실에 감사하지만 부모님이 지나치게 비판적이었다고 생각합니다.

2유형 – 도와주는 성향의 부모

도와주는 성향의 부모는 대체로 아이를 무척 좋아합니다. 부모 역할을 즐기며 아이가 좋아하는 일을 하도록 격려해 줍니다. 때로는 아이의 생활에 지나치게 관여한 나머지 아이가 실수를 통해 배울 기회를 주지 않고 모든 일을 다 해 주려고 합니다. 이 성향의 부모는 자신의 감정을 말하기 어려워합니다. 부정적인 말은 꼭 해야 할 상황에서도 제대로 하지 못합니다. 가끔은 부모가 원하는 방향으로 아이를 교묘하게 조종하기도 합니다. 도와주는 성향의 부모 밑에서 자란 아이 가운데는 부모의 관심과 관여를 고마워하는 아이가 있는 반면 무척 힘들어하는 아이도 있습니다.

3유형 – 성취하는 성향의 부모

성취하는 성향의 부모는 아이가 3유형의 특징인 에너지, 자신감, 추진력, 낙관주의 성향을 갖기를 원합니다. 아이가 전교 회장이나 리더가 되면 성공했다고 생각하고 아이도 행복할 것이라고 생각합니다. 하지만 아이는 자기에게 맞는 길을 찾아야 합니다. 성공적인 삶을 사는 방법은 다양합니다. 이 성향의 부모는 자신에게는 없는 자녀의 재능과 관심사가 무엇인지 알아보고 격려해야 합니다. 성공 지향적인 아이는 성취하는 성향의 부모에게서 많은 것을 배웠다는 사실을 고마워할 것입니다. 그러나 다른 성향의 아이들은 어른이 된 후 성취하는 성향의 부모가 지나치게 바쁘고 자신의 생각을 무조건 강요했으며 자녀와 함께 하는 시간이 부족했다고 불평할 수 있습니다.

4유형 – 낭만적인 성향의 부모

낭만적인 성향의 부모는 자신의 통찰력과 창의성, 따뜻함으로 아이에게 좋은 영향을 줄 수 있습니다. 그러나 다른 성향의 부모와 마찬가지로 이들도 아이의 관심사를 지지해 줄 필요가 있습니다. 낭만적인 부모는 자신과 성향이 다른 자녀를 감정적으로 압도할 수 있습니다. 대부분의 아이들은 4유형 부모의 감수성을 따라갈 수 없습니다. 이 성향의 부모 밑에서 자란 아이들은 어른이 된 후 부모님은 매력적이었지만 그의 예민한 감수성과 울적한 감정 때문에 두렵고 불안했다고 말합니다. 낭만적인 성향의 엄마는 아기를 가졌을 때 아름다움과 경이로움으로 가슴이 벅차오르는 동시에 알 수 없는 슬픔에 빠지기도 했다고 말합니다.

5유형 – 관찰하는 성향의 부모

관찰하는 성향의 부모는 자신의 계획이나 생각의 틀에서 벗어나 아이의 감정과 필요에 맞춰 사는 것을 힘들어 합니다. 일에 집중하고 있을 때 아이가 다가와도 짜증을 내거나 권위적인 태도를 보이지 않도록 주의해야 합니다. 이 성향의 부모는 시간과 공간의 영역을 구분하는 것을 좋아합니다. 따라서 아이와 함께 보내는 시간을 따로 정해 놓으면 마음이 훨씬 편해질 것입니다. 이 성향의 부모 밑에서 자란 아이들은 어른이 된 후 부모의 기발한 언어감각은 좋았지만 왠지 모를 거리감과 부정적이고 소극적인 성향 때문에 힘들었다고 이야기합니다. 관찰하는 성향의 부모는 자녀가 청소년이 되면 난해한 문제도 이야기할 수 있다는 점에서 더 좋아합니다.

6유형 – 충성하는 성향의 부모

충성하는 성향의 부모는 자녀에게 매우 충실한 모습을 보이지만 자칫 아이를 과잉보호할 수 있습니다. 위험천만한 세상에 아이를 내놓는 것은 이 성향의 부모에게는 엄청난 용기가 필요한 일입니다. 그러나 아이가 스스로 자신의 문제를 해결하는 법을 배우는 편이 보다 안전합니다. 사소한 것까지 꼬치꼬치 물어보는 성향때문에 아이의 자신감을 떨어뜨릴 수 있습니다. 냉소적이거나 귀찮게 하는 행동도 아이에게는 좋지 않습니다. 공포에 순응하는 6유형 부모 밑에서 자란 아이들은 어른이 된 후 부모의 끝없는 조바심에 신경이 쓰였다고 말합니다. 반면 공포에 대항하는 6유형 부모 밑에서 자란 아이들은 어른이 되고 나서 부모의 엄격한 성향과 너무 많은 기대에 부담스러웠다고 말합니다. 충성하는 성향의 부모를 둔 아이들은 공통적으로 부모가 진정으로 자녀에게 헌신했다는 사실을 인정하고 고마워합니다.

7유형 – 모험적인 성향의 부모

모험적인 성향의 부모는 함께 장난치고 놀 수 있는 아이를 좋아합니다. 이런 성향의 부모는 진지하고 걱정이 많거나 공격적인 성향의 아이에게 자신을 맞추기를 어려워합니다. 어떤 모험적인 성향의 엄마가 주장하는 성향의 아이와 함께 여행을 갔을 때, 엄마는 여기저기 돌아다니고 싶어 하고 아이는 빡빡한 일정을 힘들어 했습니다. 결국 그녀는 남편과 상의하여 아이를 위해 남은 여행기간은 한 곳에서 머무르기로 했습니다.

이 성향의 부모는 어린 아이와 함께 지내는 것이 답답하게 느껴지면 집에서 할 수 있는 안전하고 재미있는 놀이를 생각해 낼 것입니다. 모험적인 성향의 부모 밑에서 자란 아이들은 어른이 된 후 부모님의 이야기와 농담이 무척 재미있었지만, 불규칙적인 생활이 혼란스러웠다고 말합니다. 어떤 아이들은 부모님 스스로는 관심받기 원하면서 다른 사람의 이야기는 경청하지 않았다고 불평하기도 합니다.

8유형 – 주장하는 성향의 부모

주장하는 성향의 부모는 자녀를 잘 보호하며, 생각한 바를 행동으로 자신있게 옮길 수 있다는 점에서 아이에게 좋은 본보기가 됩니다. 그러나 자신의 분노가 아이에게 엄청난 충격을 줄 수 있다는 사실을 인지하고, 아이를 자기 뜻대로 주장하려고 하지 말아야 합니다. 이 성향의 부모는 아이가 자신과 어떻게 다른지 깨닫기 어렵습니다. 그만큼 아이의 성향을 이해하고 적응하는 데도 시간이 많이 걸립니다. 자녀를 이해하기 위해서는 패배를 인정하거나 연약함을 드러내는 성향 같은 평소에 장점이라고 생각하지 않았던 아이의 모습을 찾아보는 것도 좋습니다.

주장하는 성향의 부모 밑에서 자란 아이들은 유형에 따라 다른 반응을 보입니다. 모험적인 성향인 민진이는 주장하는 성향인 아버지와 무척 끈끈한 사이였습니다. 아빠는 민진이를 자랑스러워하며 함께 놀아주고 노래를 가르쳐주었습니다. 민진이는 결국 연예인이 되었고 아버지는 든든한 후원자가 되었습니다.

9유형 – 평화적인 성향의 부모

평화적인 성향의 부모는 아이의 내면세계를 잘 이해하고 아이와 어울리는 방법을 잘 알고 있으며 온화하고 이해심이 많습니다. 이 성향의 부모에게는 포기하지 않고 끝까지 아이에게 최선을 다 하는 태도와 아닌 것은 아니라고 말할 수 있는 용기가 필요합니다. 항상 '좋은 게 좋은 거지'라는 식으로 넘어가기보다 때로는 권위 있는 모습으로 아닌 것은 아니라고 단호한 입장을 취할 필요가 있습니다. 평화적인 성향의 부모 밑에서 자란 아이들은 어른이 된 후 부모와 일체감을 느낄 수 있었다는 점이 어려서는 안정감을 주었지만, 커서는 오히려 부모로부터 독립하기 힘들었다고 말합니다. 물론 아이들은 부모가 늘 유연하게 대해주고 자신의 관심사를 지지해 준 것을 고맙게 생각합니다.

에니어그램 유형별 양육 철학

다음은 실제로 1유형에서 9유형까지 각 유형에 속하는 부모와 철학자, 예술가, 과학자, 에니어그램 전문가들이 말하는 자녀 양육 원리입니다.

1유형 – 개혁하는 성향

* 아이에게 가장 필요한 것은 사랑과 인정입니다. (Aaron Wachter)
* 당신이 될 수 있는 최고의 사람이 되십시오. 지시하는 사람이 아니라 직접 본을 보이는 사람이 최고의 사람입니다. (Joan Wagele)
* 가치관을 세우고 이를 지속적으로 따르십시오. (무명씨, 이 사람은 1유형이기 때문에 이 말조차 완벽하지 않은 것 같아서 신경쓰고 있습니다.)

2유형 – 도와주는 성향

* 상처를 덮어두거나 현실을 달콤하게 포장하는 방법으로 자녀를 보호하면 안 됩니다. 좌절과 불행에 대해 현실적이고 솔직해지십시오. (Vicki Silva – Smith)
* 자신이 중요하게 생각하는 가치와 윤리에 따라 일관되게 살아가는 삶의 본을 보이십시오. 이는 자녀의 나이에 상관없이 모든 부모에게 해당되는 이야기입니다. (Sylvia Falcon)
* 자녀의 개성과 감수성을 파악하십시오. 우리는 자녀를 우리의 소유물로 생각합니다. 자녀는 당신에게서 나왔지만 당신 자신은 아닙니다. (Valentine Illidge)

3유형 - 성취하는 성향

* 나는 아이와 질적으로 좋은 시간을 보내려고 노력했지만 쉽지는 않았습니다. 사랑과 감사, 인정의 말을 명확히 표현하고 기쁠 때나 슬플 때나 이야기를 나눌 수 있는 통로를 열어두십시오. (Ali Mcken)
* 무조건적인 사랑과 지원은 자녀 양육에 있어 필수적인 요소입니다. 부모가 된다는 것은 아름다운 일이고 정서적 만족을 주는 일입니다. 그러나 분명한 것은 여기에는 책임이 따른다는 것입니다. 그런 의미에서 부모가 된다는 것은 말은 쉽지만 실천은 무척 어려운 일입니다. (Hank Sanchez-Resnik)
* 부모가 할 일은 아이가 자신의 모든 면을 분석하고 표현할 수 있는 '고유한 존재'가 되도록 지원하는 일입니다. 부모는 자녀에게 사랑과 안정감을 제공하고 갈 길을 안내해 주며 기꺼이 자녀와 인생 경험을 함께 할 수 있어야 합니다. (Belinda Gore)

4유형 - 낭만적인 성향

* 가장 중요한 것은 아이 자신이 이해받고 있다고 느끼는 것입니다. (Annemarie Sudermann)
* 아이가 자신의 주장을 시험해 보거나, 세상에서 자신이 있어야 할 곳이 어디인지 찾으려고 할 때 간섭하지 마십시오. (Howard Margolis)
* 어릴 때부터 아이가 자신의 진짜 감정을 인정하도록 하십시오. 아이에게 관심을 기울이고, 아이로 하여금 자신이 소중하다는 사실을 반드시 알도록 해야 합니다. 아이는 '행동'하는 기계가 아닙니다. (David Del Tredici)

5유형 - 관찰하는 성향

* 나는 아이들이 즐길 수 있는 일을 하는 것을 원합니다. 강요보다는 자신감을 심어주려고 노력합니다. 내게는 아이가 원하지 않는 일을 하게 할 능력은 없습니다. (Gus Wagle)
* 부모가 진솔하고 친밀한 관계를 맺는 모습을 보여주면, 아이도 건강한 어른이 어떻게 행동하는지 알 수 있게 됩니다. 자녀에게도 이렇게 한다면 부모와 자녀 사이에 자연스럽게 사랑이 싹틉니다. (George Woodward)
* 나는 5유형이었던 아버지처럼 내 아이에게 거리감이 있는 아빠가 되고 싶지 않았습니다. 그래서 태어나는 순간부터 최대한 아이와 함께 하려고 노력했습니다. 에니어그램을 알게 된 것이 얼마나 다행인지 모릅니다. 덕분에 나는 아이가 세심한 배려가 필요한 충성하는 성향이라는 것도 알게 되었습니다. 세심한 배려로 아이와 함께 하면서 나의 내면 아이도 치유되고 있었습니다. (Michal Gardner)

6유형 - 충성하는 성향

* 아이가 무엇을 원하고 필요로 하는지 알기 위해서 아이와 충분한 시간을 보내야 합니다. (David Olson)
* 부모는 가르칠 수 없으며 그저 존재할 수만 있다는 사실을 기억하십시오. 아이에게 좋은 본보기가 되십시오. 나의 목표는 아이가 험한 세상을 잘 이겨나가도록 기르는 것입니다. (Bob Fernekes)
* 아이가 자라면서 안정감을 느끼려면 체계와 자유가 조화를 이루어야 합니다. 아이에게 옳고 그름의 개념을 분명히 인식시키십시오. 내가 이룬 가장 성공적인 일은 아이에게 자신의 감정을 인식하고 표현하도록 도와준 것입니다. (Arelette Schlitt-Gerson)

7유형 – 모험적인 성향

* 아이를 중요한 존재로 대하며 아이에게 바람직한 자아상을 심어주십시오. 아이가 무엇을 하든 말과 행동으로 그를 사랑한다는 사실을 보여주십시오. (Nancy Kesselring)
* 자신감을 심어주십시오. (Maylie Scott)
* 교사로서 나는 수많은 부모가 자신의 목표를 아이에게 강요하는 것을 보아왔습니다. 중요한 것은 무슨 일이 있어도 아이를 지지하며 아이와 함께 하고, 아이로 하여금 아이답게 지낼 수 있도록 도와주는 것입니다. (Carol Olson)

8유형 – 주장하는 성향

* 아이가 자기 방식대로 살아갈 수 있도록 아이를 방해하지 마십시오. (Joyce Burkes)
* 아이의 가치를 알아주고 발견하는 데서 기쁨을 찾으십시오. (Peter O'hanrahan)
* 부모가 아이를 진심으로 원한다는 사실은 부모나 아이에게 모두 중요합니다. 부모는 다양하고 흥미로운 가능성의 세계로 아이를 이끌어 주고, 정신적, 육체적으로 잘 자랄 수 있도록 지원해주어야 합니다. 아이의 삶에 활력을 주고 싶다면 다양한 것들을 읽어주고 들려주며 아이의 삶에 새로운 일들을 만들어 주십시오. 많은 아이들이 텔레비전을 통한 간접 경험만 할 뿐 실제로 흥미 있는 삶을 살지 못하고 있습니다. (Michael Cookinham)

9유형 – 평화적인 성향

* 아이가 내면세계에서 어떤 경험을 하며 살고 있는지 주목하십시오. (Bertha Reilly)
* 아이에게 부모가 항상 옆에 있다는 사실을 가르쳐 주십시오. 안락하고 안전하며 편안한 환경을 제공함으로써 아이가 즐겁게 지내도록 도와주십시오. (Helen Meyer)
* 부모의 틀에 아이를 끼워 맞추려 하지 말고 아이 본연의 모습이 드러날 수 있도록 도와주십시오. 부모의 걱정이 도리어 자녀를 힘들게 할 수 있다는 사실을 명심하고 아이를 믿고 지원해 주십시오. (Gary Foltz)
* 아이가 평생 행복하게 살 수 있도록 지원하고 행동함으로써 아이에게 사랑을 보이십시오. (Jim Wagele)

환경 운동과 에니어그램

이럴 때는 이렇게 하세요.

이불에 지도를 그릴 때

여섯살 아이가 가끔 이불에 실수하는 것은 정상입니다. 그 또래 아이를 키운다면, 저녁에는 음료를 줄이고 자기 전에 화장실에 갈 수 있게 하십시오. 잠자리에 들기 전에 다시 한 번 확인하고, 안 간다고 고집을 부려도 반드시 보내는 것이 좋습니다. 열 두세 살까지도 자다가 실수하는 아이도 있지만 이는 무척 드문 경우입니다. 아이가 이불에 실수하면 야단치거나 벌을 주지 말고, 스스로 이불을 빨라고 하십시오. 이틀 이상 실수하지 않았을 때는 적절한 상을 주고 이러한 규칙을 몇 달 정도 계속 적용해 보십시오.

아이에게는 이것이 어려운 문제입니다. 다른 집에서 자거나 캠프에 가면 더 불안하기 때문에 아이를 지지해주는 것이 중요합니다. 아이가 실수 이후에 보이는 반응을 관찰하십시오. 죄책감을 느끼는지, 두려움이 있는지, 분노가 있는지, 아니면 태연한지 살펴보십시오. 어떤 아이는 내일은 안 그럴 거라고 자신하는 반면, 어떤 아이는 할머니, 할아버지가 될 때까지 그럴 지도 모른다고 두려워합니다. 아이의 반응은 당신의 생각과 절대로 같지 않습니다.

사람을 깨물 때

당신의 어린 아이가 당신을 깨물거나 당신 앞에서 다른 사람을 깨물면 아프니까 하지 말라고 강하게 말하십시오. 지나치게 반응하지 않으면서도 단호하게 대처하여 아이가 당신의 반응을 보고 행동을 멈출 수 있도록 하십시오. 아이가 나쁜 짓을 했다고 생각하게 만들기보다는 아이의 행동이 다른 사람에게 어떤 영향을 미칠 수 있는지 이야기해 주십시오. 이렇게 하면 아이의 행동을 효과적으로 바꾸고, 아이의 공감능력도 키울 수 있습니다.

아이가 비교적 기분이 좋거나 몸 상태가 좋아 보이면, 짧은 시간이라도 친구들을 초대하십시오. 차분한 분위기를 유지하며 아이보다 성숙하고 스스로를 보호할 수 있는 친구들을 초대하는 것이 좋습니다. 아이가 자꾸 깨문다고 화를 내기보다는 아이가 왜 그런 행동을 하는지 살펴보십시오. 너무 피곤하거나 다른 사람을 이기고 싶거나 쫓아내고 싶어서 그런 행동을 보일 수도 있습니다.

옷을 살 때

아이의 옷을 살 때 당신이 사 줄 수 있는 범위 안에서 자기가 직접 좋아하는 옷을 고르도록 하십시오. 패션 감각이 있는 부모는 아이에게 선택권을 주기가 쉽지는 않습니다. 부모의 취향을 아이에게 강요하지 마십시오. 적절한 때가 되면 스스로 쇼핑할 수 있는 기회를 만들어 주십시오.

아이가 아플 때

아이가 병원에 가기 무서워한다는 사실을 가볍게 여기면 안 됩니다. 아이의 감정을 잘 헤아리고 친절하게 설명해주는 의사를 찾아가십시오. 어떤 부모는 아이에게 주사 맞는 것과 같은 '사소한 일'에 울면 안 된다고 윽박지르기도 합니다. 아이에게 많이 아프지만 눈 깜짝할 사이에 끝난다고 사실대로 말해주십시오. 아이로 하여금 부모를 신뢰하도록 하십시오. 아이는 자신의 무서움을 부모가 충분히 이해하고 있다는 사실을 알아야 합니다. 그 다음에 다른 흥미 있는 일로 아이의 관심을 바꿔주십시오.

부모는 때로 병을 방치하거나 치료를 망설이다 병원에 갈 적절한 시기를 놓쳐 아이의 치료와 회복이 늦어질 수 있습니다. 아이의 증세가 심각한 것은 아닌지 의심된다면 즉시 병원에 가서 상담해 보십시오. 시간이 해결해 주지 않습니다. 언어 장애나 발달 장애도 시기를 놓치면 일이 커집니다. 아이 뿐 아니라 당신과 가족에게 심리적인 문제가 있다고 의심되면 지금 당장 유능한 전문가를 찾아보십시오.

아이와 이야기할 때

유아기 때부터 아이와 대화를 많이 나누십시오. 말을 배우는 시기에는 아이들이 쓰는 단어나 말투로 대화하지 마십시오. 억지로 단어를 따라하게 하거나 문장을 만들어주지 말고 아이의 이야기를 있는 그대로 들어주십시오. 엉뚱한 말을 해도 이해하고 당신도 어린 시절에 그랬다는 사실을 기억하십시오.

아이가 적당한 나이가 되면 한 달에 두세 번 정도 가족회의를 열어 보십시오. 어떤 가정은 급한 문제가 있어야만 가족회의를 열지만 평소에도 열린 마음으로 아이의 이야기를 들어주십시오. 아이가 마음을 열고 자신의 솔직한 감정을 표현하도록 도와주십시오. 심지어 부모와 반대되는 의견도 자유롭게 표현하는 것이 좋습니다. 아이를 비판하거나 비웃거나, 좋은 기분을 억지로 강요하는 것은 좋지 않습니다.

내가 지금 무슨 말을 한 거야?

아이와 의논할 때는 가능한 여러 가지 대안을 찾아내십시오. 함께 이야기하여 대안을 하나씩 지워가면서 하나를 선택하십시오. 아이가 문제 해결 과정에 참여하면서 그 일에 더욱 열심을 내게 될 것입니다. '자신이 대접받기 원하는 대로 남에게 대접하라'는 황금률은 어떻게 보면 바람직한 의사소통 방법이 아닙니다. 이렇게 하면 모든 사람이 같은 대접을 받기 원한다는 뜻입니다. '눈앞에 있는 상대가 바라는 대로 대접해주라'고 가르치는 편이 더 나을 것 같습니다.

아이에게 자기생각을 말하며 자신이 원하는 것과 어떤 대접을 바라는 지 이야기하는 것은 바람직한 일이라고 가르쳐 주십시오.

얼마 전 모임에 참석하기 위해 친구와 차를 타고 가면서 이야기 삼매경에 빠졌습니다. 20분쯤 지났을까요? 뒷좌석에 조용히 있던 친구의 열 살 난 아들이 몸을 앞으로 내밀며 똑 부러지게 말하더군요. "지금 이 차에는 세 사람이 타고 있다는 사실을 아시나요? 저도 대화에 좀 끼워주시죠."

때로는 편지나 그림 같은 간접적인 소통 방법이 도움이 될 수 있습니다. 아이가 어떤 사건으로 충격을 받았다면, 자신의 감정을 그림으로 그리거나 연극으로 표현해보라고 하십시오. 차분하고 안정적인 분위기에서 자신의 경험과 느낌에 대해 이야기하는 것도 충격 완화에 큰 도움이 됩니다.

생활습관을 가르칠 때

> 당신이 체계적이고 예측 가능한 사람일수록
> 야단은 덜 치고, 보다 친절하면서도 단호하게 아이를 대할 것입니다.
> – 스탠리 투레키 (정신과 의사)

어린 자녀가 도로에 뛰어들거나 전깃줄을 갖고 놀거나 고양이 꼬리를 잡아당긴다면 하지 말라고 단호하게 이야기하면서 아이를 즉시 다른 곳으로 데리고 가는 것이 좋습니다. 부드러우면서도 권위 있게, 해야 할 일과 하지 말아야 할 일을 분명히 구분해 주십시오. 아이가 커가면서 나이에 맞게 지켜야 할 일과 지키지 않을 경우 일어나는 결과에 대해 해마다 몇 가지씩 적어놓는 것도 좋은 방법입니다. 아이가 잘못된 행동을 하면, 냉소적으로 대하거나 겁부터 주지 말고 단호하면서도 진지한 목소리로 말하십시오. 벌주는 것은 그다지 좋은 방법이 아닙니다. 훈육을 위한 훈육은 좋지 않습니다. 벌칙이 꼭 필요하면 시간을 정해 놓고 권리를 제한하는 방법은 어떨까요? 아이가 다른 사람에게 상처를 주는 경우에는, 아이에게 상대의 느낌을 생각해 보게 하고 해결책을 고민해서 이야기해 보라고 하십시오.

집안에서 지켜야 할 일상적인 규칙을 미리 정해놓으면 스트레스와 갈등이 줄어듭니다. 그러나 규칙에 유연성이 없으면 자유로운 성향의 아이는 답답해합니다. 지나친 비판이나 훈육은 오히려 열등감을 불러일으킨다는 사실을 기억하십시오.

아이가 잘못했을 때 부모나 교사가 유용하게 사용할 수 있는 방법이 바로 '얼음땡놀이'입니다. 문제가 생기면 아이를 데리고 자기 방이나 조용한 장소로 가서 혼자 있게 하고 '얼음'을 외치는 것입니다. 움직이지 않고 생각하게 하십시오. 10분쯤 시간이 지나서 '땡'을 외쳐 주십시오. 아이의 감정은 가라앉고 잘못된 행동을 다시 저지를 가능성이 차단됩니다. 아이에게는 부모가 잘못된 행동은 용납하지 않는다는 무언의 메시지이기도 합니다.

때로는 아이를 혼자 있게 하는 것보다 부모에게 가까이 오게 하는 편이 효과적일 수 있습니다. 아이는 방금 일어난 일로 인해 혼란스러울 수 있고, 자기보다 강한 부모에게 긍정적인 믿음을 갖는 경험도 필요합니다. 방에 데리고 들어가서 함께 앉아 있거나 안아주십시오. 아이가 느끼는 감정과 그 감정을 어떻게 받아들이는지 물어 보십시오. 자세한 내용은 뒤에 나오는 '형제 관계를 조정할 때'에서 이야기 하겠습니다.

부모가 이혼했을 때

아이는 부모 중 어느 한 쪽이 떠나면 다른 한 쪽도 자신을 떠날 것이라고 생각합니다. 이 때 아이는 퇴행을 보이기도 합니다. 퇴행 행동은 과거로 돌아가 익숙하고 안정감을 주기 때문입니다. 이혼을 하더라도 지금까지 하던 대로 살면 됩니다. 생활 규칙도 지키게 하고, 생일파티 같은 즐거운 이벤트도 계속 만들어 주십시오. 그러나 갑자기 장난감을 많이 사주는 것으로 이혼의 상처를 보상하려고 하지는 마십시오. 이혼한 배우자에 대해서 이야기할 때는 신중해야 합니다. 아이에게는 헤어진 부모도 여전히 엄마이고 아빠입니다. 부모의 이혼이 절대로 아이의 잘못이 아니라는 사실을 잘 이해시켜야 합니다.

부모의 이혼으로 아이가 받을 상처 때문에 부모가 늘 마음을 쓴다는 것을 아이가 느끼게 해 주십시오. 아이에게 부모의 재혼은 그리 달갑지 않은 사건입니다. 어른이 새로운 배우자와 관계를 맺는 것과 아이가 새로운 부모를 만나는 경험은 전혀 다른 문제입니다. 재혼이 당신에게 최선의 선택이라는 것을 말해 주십시오. 그럼에도 당신이 아이의 감정을 여전히 소중하게 생각한다는 확신을 주십시오.

아이가 금지된 것을 할 때

아이가 음주, 흡연과 약물(카페인 과다 함유 음료, 신경안정제 등)에 대하여 건강한 태도를 갖기 위해서는 아이에게 신뢰감, 판단력, 문제해결능력 등이 필요합니다. 부모의 훈계나 통제, 과잉보호는 전혀 도움이 되지 않습니다. 부모가 술과 담배에 의존하는 것을 보고 자란 아이는 같은 행동을 보일 가능성이 높습니다. 물론 건전한 습관과 가치관을 가진 부모 아래서 자란 아이도 이 문제에서 자유로울 수는 없습니다. 자신감과 현실감각을 갖춘 아이라면 중독 문제로부터 자신을 어떻게 보호하는지 알고 있습니다. 중독이 몸과 마음에 끼치는 영향을 알려 주고, 당신이 음주와 약물 복용을 반대한다는 사실을 분명히 말하십시오. 그럼에도 불구하고 문제가 생기면 안심하고 부모에게 이야기 하도록 신뢰감을 주십시오. 자신이 유능하며 인정받고 있다고 느끼는 아이와 배우고 싶은 관심분야가 확실한 아이들은 중독의 위험성이 현저하게 낮습니다.

부모는 일반적으로 자신의 아이가 술을 마시거나 약물을 복용하고 있다는 사실을 알게 되면 심한 죄책감과 분노에 휩싸입니다. 이때 아이에게 필요한 것은 처벌이 아닙니다. 가족과 전문가의 적절한 도움이 필요할 뿐입니다. 중독 아동의 부모를 지원하는 모임은 큰 도움이 됩니다. 모임을 통해 이 상황을 어떻게 바라보고 다루어야 하는지 배울 수 있습니다. 요즘은 병원에서 중독치료 프로그램을 진행하고 있습니다. 중독에 노출된 아이는 전문가의 도움을 받아야 합니다.

섭식 장애가 있을 때

아이의 섭식 장애는 부모에게는 정말 가슴 아픈 일입니다. 대부분의 부모는 이러한 문제가 발생했다는 사실뿐 아니라 아이가 이 문제를 숨겼다는 사실에 놀라서 일단 아이를 혼부터 내려고 합니다.

폭식과 과식을 하는 아이는 배부른 포만감으로 안정감과 사랑받고 있다는 느낌을 충족시킵니다. 거식증(다이어트에 집착한 나머지 극단적으로 음식을 거부하는 증상)이나 폭식증(스스로 통제하지 못하고 폭식한 후에 억지로 토하는 증상)은 흔히 사춘기 때 시작합니다. 남자 아이보다 여자 아이에게서 더 많이 발생합니다. 이런 아이는 섭식 장애 아동 치유 모임에 가면 도움을 받을 수 있지만, 경우에 따라서는 다른 방법이 필요합니다.

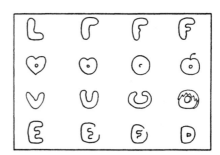

다이어트에 집착하여 음식과 전쟁을 치르는 거식증은 다른 정신질환에 비해 목숨을 잃을 확률이 높습니다. 거식증에 걸린 사람에게 지나치게 마른 몸매가 얼마나 해로운지 설득하기는 어려운 일입니다. 결국 전문적인 회복 프로그램의 도움을 받아야 합니다. 거식증은 지나친 통제를 당하거나 과잉보호를 받는다고 느끼거나, 성취에 대한 압박이 심할 때 발생합니다. 이 경우 다른 것은 못해도 다이어트만큼은 마음대로 할 수 있다고 생각하기 때문입니다. 거식증이 신체에 미치는 위험성은 엄청납니다. 여자 아이는 생리가 멈추거나 몸에 솜털이 나는 증상이 있습니다. 영양 면에서는 아연이나 무기질이 극도로 부족하게 됩니다. 근본적으로 날씬한 몸매를 좋아하고 뚱뚱한 사람을 혐오하는 우리 사회 풍토와 편견을 다시 생각해야 합니다. 가정과 학교에서 우리가 몸무게에 관한 이야기를 얼마나 많이 하는지 생각해 보십시오. 특히 아이 앞에서 이야기 하는 것은 정말 심각한 문제를 야기합니다.

습관적으로 먹은 것을 토하는 폭식증도 십대에 흔히 나타나는 질병입니다. 처음에는 체중을 줄이는 목적으로 시작했지만 점점 강박적인 행동으로 발전합니다. 구토할 때 올라오는 위산은 치아를 상하게 하는 등 여러 가지 부작용이 있습니다. 폭식증은 죄책감과 은폐 경향을 동반하기 때문에 성격마저 변화시킵니다. 거식증과 폭식증 환자의 경우 심장마비를 일으킬 위험성도 상대적으로 높습니다.

섭식 장애는 다른 유형의 중독이나 질병을 불러올 수 있기 때문에, 초기에 전문가의 도움을 받고 치료 회복 프로그램에 참여하는 것이 중요합니다.

교육을 할 때

당신의 가정은 책을 가치 있게 여깁니까? 문화예술에 대해서 서로의 생각을 나누는 시간이 있습니까? 부모가 먼저 책을 읽는 모습을 보여주거나 아이와 함께 책을 많이 읽으십시오. 퍼즐이나 끝말잇기 놀이를 하며 아이의 관심사를 알아보십시오. 아이와 함께 도서관에 가서 아이의 관심사를 다룬 책을 빌리고 인터넷으로 함께 궁금한 것을 검색하십시오.

아이의 성장 단계에 따라 아이의 관심사도 달라집니다. 영아들은 흑백이나 색깔이 뚜렷하게 대비되는 모빌을 좋아합니다. 유아들은 미묘한 색깔 차이를 구분할 수 있습니다. 아이가 마음대로 돌아다닐 수 있게 되면, 여기저기 다닐 수 있도록 공간을 안전하게 만들어 주어야 합니다. 아이를 안아주는 것 같은 신체접촉을 통한 사랑표현은 아이에게 영재교육을 시키는 것보다 훨씬 중요합니다.

성장과정에서 어떤 것에 더 많이 반응하는지 잘 살펴보십시오. 아이의 타고난 관심사와 학습 성향을 파악하십시오. 모험적인 성향으로 대표되는 자기 지향형입니까? 아니면 성취하는 성향으로 대표되는 타인 지향형입니까? 전체를 먼저 봅니까? 아니면 세부사항에 집중합니까? 이야기나 비유를 통해 교훈을 얻습니까? 아니면 사실을 바탕으로 이해합니까? 정보를 얻을 때 나무 한 그루에 집중합니까? 아니면 숲을 바라봅니까? 경쟁에 자극을 받습니까? 아니면 경쟁으로 스트레스를 받습니까?

선생님들은 많은 아이들이 집 밖에서 너무 많은 시간을 보내기 때문에 수업 시간에 집중하지 않는다고 걱정합니다. 집에 돌봐 줄 사람이 있으면 아이도 집에 있고 싶어 합니다. 상황이 안 되면 몇몇 집이 함께 하는 방과 후 공동육아도 좋은 방법입니다.

친구를 사귈 때

아이가 사람들을 정직하고 지혜롭게 대하는 방법을 가르쳐 주십시오. 사람들을 서로 소개하고, 의견 차이를 중재하는 방법이나 난처한 이야기를 세련되게 표현하는 법 등을 알려 주십시오. 성향이나 기질이 다른 친구와 짝을 지어주면 서로 자극을 받아 균형 잡힌 아이로 성장합니다.

운동경기를 통해 이길 때가 있으면 질 때도 있다는 스포츠 정신을 가르쳐 주십시오. 단체 경기를 한다면 아이가 속한 팀을 응원해 주고, 지더라도 상대를 축하해 줄 수 있는 포용하는 마음을 가르쳐 주십시오.

우리 높이뛰기랑 가시로 공격하는 것
번갈아서 해 보자.

용돈을 줄 때

돈 관리는 삶의 중요한 기술입니다. 일주일에 한 번 용돈을 주고, 통장을 만들어 주십시오. 아이에게 용돈은 아이가 싫어하는 일을 하는 대신 주는 보상이 되어서는 안 됩니다. 개혁하는 성향의 아이는 용돈기입장을 쓰고 계산이 정확하게 맞으면 만족스러워 합니다. 돈 쓰는 습관이 쉽게 익숙해지지 않는 성향의 아이들은 돈 관리를 일찍 시작하는 것이 좋습니다. 청소년이 되면 간단한 옷을 살 수 있는 용돈도 정기적으로 주십시오. 용돈이 더 필요한 경우는 집안일을 해서 스스로 용돈을 벌 수 있는 기회를 주십시오.

심리적으로 성장할 때

아이들은 4세에서 6세 사이에 이성 부모에게 과도한 애착을 보이고 동성 부모에게 경쟁 의식을 느끼는 오이디푸스 콤플렉스가 나타납니다. 여자 아이는 이 나이 때 자라서 아빠와 결혼하겠다고 이야기합니다. 성장과정에서 정상적이고 필수적인 단계입니다만 자칫 지나치면 아이가 죄의식을 느끼거나 심리적 갈등을 가질 수 있습니다. 이 시기를 잘 넘기면 아이는 동성 부모의 자리를 차지할 수 없다는 것을 깨닫습니다. 아이에게 거부당하든지 사랑받든지, 아이 반응에 상관 없이 부모는 이 시기를 잘 이해하고 지혜롭게 대처하면서 배우자에 대한 충실한 모습을 아이에게 분명히 보여주어야 합니다. 이러한 심리적 상황을 개인적인 감정으로 느끼지 않고 변함없이 잘 대해주면 아이는 이 시기를 건강하게 보낼 수 있습니다.

부모의 양육 철학이 다를 때

> 부부 사이는 서로 보호받아야 하며 시간이 지날수록 관계는 더욱 풍성해져야 합니다.
> 풍성한 관계를 유지하기 위해서 남편과 아내는 모두 노력해야 합니다.
> 그렇지 않으면 가족 체계도 무너지고 자녀의 발달과정도 균형을 잃습니다.
> – 버지니아 사티어

부부가 서로 존중하고 있다는 것을 아이가 충분히 느끼고 있다면, 부모의 의견이 서로 다르다는 것을 아이에게 보여 주는 것도 괜찮습니다. 그러나 아이의 생활규칙에 대해서는 아이가 없을 때 의견을 미리 조정하여, 아이 앞에서는 같은 말을 하는 것이 좋습니다. 규칙이 부모 한 쪽의 성향에 잘 맞지 않는다면 아이 모르게 조용한 곳에서 조율하십시오. 조직적이고 엄격한 1유형의 아빠와 태평하고 관대한 9유형의 엄마처럼 양육 성향이 많이 달라도 차이를 인정하고 대화와 웃음으로 이해하려고 노력하십시오.

물론 부부라면 단순히 양육 철학의 차이가 아니라 부부 문제로 대립할 수 있습니다. 부부 갈등으로 인한 스트레스가 심하다면 전문가의 도움을 받도록 하십시오. 아이 교육에 관해 의견이 다를 때는 선생님과 의논하는 것은 어떨까요? 부부가 함께 전문가의 코칭을 받는 것을 한 쪽이 싫어한다면 다른 한 사람만 받아도 좋습니다.

자기 조절 능력을 길러줄 때

아이가 자기 능력을 발휘하여 잘 하는 일을 반복하다보면, 자연스럽게 익숙해지고 자기 절제 능력도 배우게 됩니다. 부모님은 내게 원하는 만큼 피아노를 칠 수 있게 허락하셨습니다. 나는 멜로디에 싫증이 나면 화음을 만들고, 화음 만들기도 싫증이 나면 반주를 만들면서 마음껏 연습했습니다. 그 과정이 늘 쉽지만은 않아서 좌절감을 느끼기도 했습니다. 그러나 나는 나만의 음악을 만들고 싶다는 열망으로 오랜 시간 그 일에 몰두했습니다. 이 일은 내게 무척 의미 있었습니다. 나는 이런 식으로 음악 실력을 키우는 동시에 연습하고 절제하는 능력도 길러 나갔습니다.

부모의 지나친 통제는 아이의 자기 절제 능력을 키우는 데 도움이 되지 않습니다. 중요한 기본규칙의 틀 안에서 충분한 자유를 주어서 아이가 스스로 행동의 결과를 통해 배울 수 있도록 하십시오. 진호는 엄마가 저녁 식사를 준비하는 동안 아빠가 말리는데도 불구하고 과자 한 봉지를 다 먹었습니다. 결국 배가 불러 엄마가 만든 맛있는 음식을 먹지 못해 안타까웠고, 이 일로 진호는 절제의 필요성을 절실히 느꼈습니다.

청소년이 되면 경제적인 것을 포함한 여러 문제를 스스로 해결합니다. 이 과정에서 아이는 자신감과 자존감을 갖게 됩니다. 자기 절제 능력도 배웁니다. 실수한 경우 도와주는 것이 좋지만, 아이의 잘못을 지나치게 서둘러서 해결해주지 않도록 주의하십시오.

성교육을 할 때

성에 관한 주제는 여러 상황에서 튀어나올 수 있습니다. 이때 유머 감각을 보여주되 도덕적인 설교는 금물입니다. 아이가 어릴 때는 묻는 말에만 답해주고, 더 자라면 이성교제나 생리, 임신 등 기본적인 성 문제를 조심스럽게 꺼내보십시오. 이런 내용은 성장 발달 단계에 따라 다시 설명해주는 것이 좋습니다. 아이에게 에이즈 같은 질병에 대해서도 말해 주십시오. 이성에게 매력적으로 보이는 방법과 배우자 선택 기준에 대해서도 이야기 나누십시오. 아이들이 성 문제에 대하여 참고할 만한 책을 알려 주고, 질문이 있거나 문제가 생기면 언제든지 부모에게 오라고 이야기 해 주십시오.

십대 소녀들 중에서는 사랑할 대상을 찾거나 새로운 삶을 살고 싶어 하는 경우도 있습니다. 어릴 때 받지 못한 사랑과 관심을 받고 싶어서 아기를 갖고 싶어 하기도 합니다. 가고 싶은 대학이나 원하는 직업처럼 꿈과 관심사가 있는 경우에는 임신을 하고 싶다고 해서 모든 것을 포기하지는 않을 것입니다. 십대들은 특히 또래와 잘 어울리지 못하는 느낌을 받을 때 성적인 문제와 중독에 빠지기 쉽습니다. 아이가 주변 사람들 사이에서 적응을 못 한다 해도 부모가 아이를 인정하고 사랑하면 아이는 자신의 현재와 미래의 모습에 자신감을 갖게 될 것입니다.

형제 관계를 조율할 때

아이가 새로 태어난 동생 때문에 힘들어 한다면, 자기감정을 표현하고 깨달을 수 있도록 도와주십시오. 두 살 아이가 동생을 때렸을 경우 먼저 동생을 안고 다독여주십시오. 큰 아이를 가까이 데려와 손을 잡고 이야기해 주십시오. "저런, 기분이 나빴던 모양이구나. 그래도 동생을 때리면 동생이 아프단다." 아이의 행동을 긍정적으로 평가하는 말은 아니지만, 그렇다고 아이를 나쁜 사람으로 만드는 것도 아닙니다. 아이는 여전히 자신이 부모에게 소중하고 특별한 존재인지를 확인하고 싶어 합니다.

친구나 친척이 아기를 보러 오면 큰 아이에게도 동일한 관심을 가져 달라고 부탁하십시오. 아기 선물을 사오면서 큰 아이 선물은 가져오지 않았다면, 부모가 선물을 마련해 주는 것도 좋습니다.

형제간에 질투 감정은 조정 가능한 곳에서 자연스럽게 드러나도록 해야 합니다. 모든 형제는 티격태격하는 것이 당연합니다. 부모는 갈등의 골이 심각하지 않은 이상 지나치게 신경 쓸 필요는 없습니다. 한 아이가 다른 아이보다 힘이 세고 공격적이어서 문제 해결이 어려워 보인다고 해도, 스스로 문제를 해결하도록 기회를 주십시오. 아이들은 부모가 모범을 보여도 서로 괴롭히며 싸웁니다. 한 아이가 다른 형제에 대한 두려움이나 걱정, 복종, 회피, 공격적인 양상을 지나치게 보인다면 코칭을 통해 아이의 마음을 읽어 보십시오.

부모는 자신의 성격을 닮은 아이에게 더 긍정적으로 반응합니다. 8유형의 부모는 대담하고 배짱이

두둑한 성향의 아이에게 관심을 두고 조용한 아이는 신경 쓰지 않습니다. 당신의 가정은 어떻습니까? 혹시 이런 일이 일어나고 있지는 않은지 다시 한 번 생각해보십시오.

한 부모일 때

당신이 한 부모라면 아이가 다른 어른들과 특별한 관계를 맺을 수 있는 기회를 만들어 주십시오. 여러 성향의 사람들을 만나다 보면 모든 어른들이 똑같이 생각하고 행동하지 않는다는 것을 알게 됩니다. 사람들을 거울삼아 자신의 진정한 성향이 무엇인지 확인하는 것도 필요합니다. 가끔은 성숙하고 독립적인 사람이 되기 위해서 부모와 반대 입장에 서 보는 것도 필요합니다. 바깥 세계와 유리된 채 자라게 되면 부모에 대한 애착이 강해지고 의견 충돌의 위험을 감수하려 들지 않을 것입니다. 아이가 한 부모에게만 의존하지 않고 친척이나 친구들과 원활한 관계를 맺도록 도와주십시오.

대부분의 경우 이혼, 사별, 혼전 임신 등으로 갑작스럽게 한 부모가 됩니다. 어떤 사람은 자신의 의지로 한 부모가 되기도 합니다. 모험적인 성향의 채연씨는 20대 후반에 수녀가 될 생각을 하며 아프리카 선교센터에서 사역했습니다. 그곳에서 엄마가 먼저 세상을 떠난 아기를 만나게 되었습니다. 그녀는 아기와 운명의 끈으로 묶여있다는 느낌을 받았고 결국 그 아기를 입양했습니다. 이런 결정을 한 채연씨의 역할모델은 어머니였습니다. 어머니는 혼자 힘으로 여섯 아이를 키웠습니다. 늘 긍정적이었던 어머니를 생각하면 한 부모가 되기로 결정하는 것은 그리 어려운 일이 아니었습니다. 채연씨는 입양한 일을 후회하지 않았습니다. 아이는 채연씨에게 흥미로움과 새로움을 선물했습니다. 채연씨는 여전히 풍성한 삶을 누리고 있습니다.

스트레스를 관리할 때

어떤 식으로 스트레스를 받아들이는가는 아이의 성향과 관련되어 있습니다. 부모가 애완견을 돌보라고 맡기면 걱정을 태산같이 하는 아이도 있고, 전혀 부담을 느끼지 않는 아이도 있습니다. 부모의 성향도 아이에게는 또 하나의 스트레스 원인입니다.

* 무대 체질인 부모는 자녀가 늘 주목받기 원하기 때문에 아이에게 엄청난 스트레스를 줄 수 있습니다.
* 1유형의 부모는 어떻게 하면 아이가 나아질 수 있을까에 신경을 곤두세우고 있기 때문에 아이는 부모가 자신을 마음에 들어 하지 않는다고 느낄 수 있습니다.
* 2유형의 부모는 지나치게 충고를 하며 아이를 어린 아이 취급하고 좌지우지하려고 할 수 있습니다.
* 6유형의 부모는 끊임없이 주의를 주고 경고하여 아이에게 불안감과 스스로 방어하는 능력이 없다는 메시지를 줄 수 있습니다.
* 남을 부러워하는 경향이 있는 부모는 다른 집 아이와 비교하면서 자녀를 힘들게 할 수 있습니다.
* 4유형이나 7유형의 부모는 자신이 멋진 사람이라는 이야기를 듣고 싶어 하기 때문에 관심과 애정이 필요한 자녀를 양육하는 것이 힘들 수 있습니다.
* 5유형의 부모는 부정적이고 무관심하며 권위적일 수 있습니다.
* 3유형과 8유형의 부모는 지나치게 몰아붙이거나 무척 바쁠 수 있습니다.
* 9유형의 부모처럼 지나치게 태평하면 아이는 나아가야 할 바를 알지 못해 스트레스를 받을 수 있습니다.

아이의 스트레스는 손톱 물어뜯기, 하품, 틱 장애, 강박 행동 등 여러 형태로 나타납니다. 그러나 이러한 증상을 보인다고 해서 예민하게 반응하지 않아도 됩니다.

그렇다고 아무렇지도 않은 듯 무시하고 지나쳐서 원인을 찾는 데 실패해서도 안 됩니다. 시간이 지나도 증상이 사라지지 않으면 전문가와 상담하는 것이 좋습니다.

아이의 성향이 부모에게 어떤 영향을 주고 있는지도 유심히 살펴보아야 합니다. 아이가 슬퍼 보이거나 두려움이 많거나 지나치게 부정적이거나 공격적이라면 부모는 죄책감을 느낄 수 있습니다. 아이의 끊임없는 수다, 과도한 지적 호기심, 지나치게 예민한 감수성도 부모를 힘들게 합니다. 부모가 만족하지 못하면 자녀의 강점도 스트레스가 될 수 있습니다. 부모가 아이의 성향으로 부정적인 영향을 받을 때는 부모의 스트레스를 관리해 주는 전문가의 도움을 받으십시오.

아이에게 장난칠 때

부모는 단순한 애정표현이나 농담으로 아이의 생김새를 가지고 별명을 지어 부릅니다. 아이를 '꼬맹이' '땅꼬마' '뚱땡이' '깨순이' 같은 별명으로 부른 적이 있습니까? 어떤 부모는 갑자기 간지럼을 태우거나 소리를 지르거나 깜짝 놀라게 합니다. 아이는 이러한 행동으로 인해 굴욕감이나 수치심을 느낄 수 있습니다. 아이가 바보 취급을 당했다고 느낄 만한 행동이나 말을 한 적이 있으면 아이에게 반드시 사과하십시오. 부모는 재미있는데 아이는 웃지 않을 때도 마찬가지입니다. 아이를 놀리지 않고서도 아이와 재미있게 지낼 수 있는 방법은 수없이 많습니다.

아이의 재능과 감정, 흥미, 욕구를 발견하십시오. 아이의 모습 그대로 자기 안에서 안정감을 느끼도록 천천히 아이의 세계를 확장시키십시오.

에니어그램을 통해 아이의 마음을 읽는다면 갈수록 당신의 삶도 풍성해지고 가족 간에 소통도 원활해 질 것입니다. 가정에 갈등이 없을 수는 없습니다. 그러나 아이는 기본적으로 가정에서 유대감과 안정감, 편안함을 느끼고, 인정받고 존중받으며 이해받아야 합니다.

어른들이 그린 어린 시절

이 그림은 각 유형의 사람들이 자신의 어린 시절을 그린 것입니다.

저자 후기

어른이 된 우리는 대체로 하나의 중심 유형을 갖고 있지만
우리 안에는 모든 유형이
골고루 존재합니다.

감사의 글

저의 몸을 통해서 이 땅에 온 사랑하는 딸 에스더와 아들 다니엘을 만나게 하신 창조주 하나님이 참 고맙습니다. 아이들을 통해서 존재 자체에 대한 경외와 사랑을 다시금 깨닫습니다. 아이들을 이해하면서 나의 소중함도 알게 되었습니다.

저는 이 책을 2003년 김현정 선생님의 강의에서 처음 만났습니다. 그 분께서 심혈를 기울여서 작업하신 것을 10년이 지난 후 재번역하게 되었습니다. 이 책은 재치와 유머 넘치는 그림과 사람에 대한 애정과 통찰이 풍기는 글로 오랜 세월 사랑을 받아 왔습니다. 사랑과 이해가 담긴 엘리자베스 와겔리 선생님의 책을 네 권 째 번역하게 된 것을 무척 기쁘게 생각합니다.

추천사를 써 주신 선생님들, 몇 년간 저와 함께 마음 읽기 작업과 번역 작업을 함께 한 선생님들, (사) 좋은교사 〈에니어그램 코칭 연구회〉에서 활동하는 김명선, 김은영, 최희정, 임효실, 이현하, 박지선, 신상아, 정윤미, 유혜진, 임경희, 정새론, 전지훈 선생님과 이번 작업에 가장 수고해 주신 김재원 아나운서, 이 책을 만들어 주신 연경문화사 대표님 이하 임직원 여러분께 사랑을 담아 감사를 전합니다. 지금까지 만난 모든 분들이 저에게는 스승입니다. 여러분께 많이 배웠습니다. 모든 분들께 진정으로 감사 드립니다.

〈우리아이 속마음〉을 통해서 부모님과 선생님들이 더욱 깊이 아이들을 이해할 수 있기를 바랍니다. 우리 아이들이 자신만의 창조 목적과 존재 가치를 발견하고 세상에 선한 영향을 끼치게 되기를 소망합니다. 이 책이 아이들 안에 있는 빛을 찾도록 도와줄 것입니다. Soli Deo Gloria!

역자를 대표하여 한 병 복

에니어그램으로 보는 우리 아이 속마음
성장기 아이들을 위한 올바른 양육 지침서

발행일	2013년 7월 31일
초판6쇄	2021년 7월 9일
지은이	엘리자베스 와겔리
옮긴이	김현정 · 한병복 · 이성애 · 엄진영 외
펴낸이	이정수
책임 편집	최민서·신지항
마케팅 총괄	박정상
펴낸곳	연경문화사
등록	1-995호
주소	서울시 강서구 양천로 551-24 한화비즈메트로 2차 807호
대표전화	02-332-3923
팩시밀리	02-332-3928
이메일	ykmedia@naver.com
값	15,000원
ISBN	978-89-8298-148-7 (03370)

이 도서의 국립중앙도서관 출판시도서목록(CIP)은 서지정보유통지원시스템 홈페이지(http://seoji.nl.go.kr)와 국가자료공동목록시스템(http://www.nl.go.kr/kolisnet)에서 이용하실 수 있습니다.(CIP제어번호: CIP2013012269)